Pauly · Die Kapelle von Ronchamp / La Cappella di Ronchamp

T0311058

Danièle Pauly

Le Corbusier: Die Kapelle von Ronchamp
La Cappella di Ronchamp

Fondation Le Corbusier, Paris
Birkhäuser Verlag Basel · Boston · Berlin

Übersetzung vom Französischen ins Deutsche:
Irene Bisang, Brigitta Taroni, Zürich

Traduzione italiana dal francese: Livia Ferrari, Milano

Deutsche Bibliothek Cataloging-in-Publication Data
Le Corbusier: die Kapelle von Ronchamp, la cappella di Ronchamp / Fondation Le
Corbusier. Danièle Pauly. [Übers. vom Franz. ins Dt. : Irene Bisang...]. - Basel ; Boston ; Berlin :
Birkhäuser, 1997
Engl.-Franz. Ausg. u.d.T.: Le Corbusier: la chapelle de Ronchamp, the chapel at Ronchamp
ISBN 3-7643-5760-6 (Basel...)
ISBN 0-8176-5760-6 (Boston)

Dieses Werk ist urheberrechtlich geschützt. Die dadurch begründeten Rechte, insbesondere die der
Übersetzung, des Nachdrucks, des Vortrags, der Entnahme von Abbildungen und Tabellen, der
Funksendung, der Mikroverfilmung oder der Vervielfältigung auf anderen Wegen und der Speiche-
rung in Datenverarbeitungsanlagen, bleiben, auch bei nur auszugsweiser Verwertung, vorbehalten.
Eine Vervielfältigung dieses Werkes oder von Teilen dieses Werkes ist auch im Einzelfall nur in den
Grenzen der gesetzlichen Bestimmungen des Urheberrechtsgesetzes in der jeweils geltenden
Fassung zulässig. Sie ist grundsätzlich vergütungspflichtig. Zuwiderhandlungen unterliegen den
Strafbestimmungen des Urheberrechts.

© 1997 Birkhäuser – Verlag für Architektur, P.O. Box 133, CH-4010 Basel, Switzerland
© 1997 Fondation Le Corbusier, Paris, Œuvre Notre-Dame du Haut : pour l'ensemble de l'œuvre de
Le Corbusier

Gedruckt auf säurefreiem Papier, hergestellt aus chlorfrei gebleichtem Zellstoff. TCF ∞
Printed in Germany

ISBN 3-7643-5760-6
ISBN 0-8176-5760-6

9 8 7 6 5 4 3 2 1

Vorwort	6
Besichtigung und Interpretation	10
· Promenade architecturale	12
· Lage	26
· Die «Promenade architecturale»	29
· Das Äußere	33
· Die Südfassade mit dem Hauptportal	33
· Die Ostfassade mit dem Außenchor	36
· Die Nordfassade	42
· Die Westfassade	42
· Das Innere	45
· Ein «skulpturaler» Raum	46
· Die Einrichtung	50

Geschichte und Werdegang	58
· Hintergrund des Auftrags	60
· Der Auftrag	61
· Die Geburt des Projekts	64
· Erste Entwürfe: der Grundentscheid	64
· Das Vorprojekt	74
· Das endgültige Projekt	78
· Der schöpferische Prozeß	90
· Die Ausführung	100
· Bedingungen	100
· Konstruktionsprinzipien	103
· Material	105

Ein Gesamtkunstwerk	110
· Skulpturale und «akustische» Formen	114
· Baukörper unter dem Licht	116
· Die Farbe	124
· Die Musik	127

Das Werk als Manifest	130
Anmerkungen	135
Bibliographie	142

Introduzione	6
Visita e lettura dell'edificio	10
· Promenade architecturale	12
· Il luogo	26
· La «passeggiata architettonica»	29
· L'esterno	33
· La facciata d'ingresso, a sud	33
· Il coro esterno, a est	34
· La facciata nord	40
· La facciata ovest	40
· L'interno	44
· Uno spazio «scolpito»	45
· Gli elementi secondari	48

Storia e genesi del progetto	58
· Le circostanze dell'incarico	60
· L'incarico	61
· La nascita del progetto	62
· Primi schizzi, l'idea generale	64
· Il progetto preliminare	72
· Il progetto definitivo	77
· Il processo creativo	84
· La costruzione	96
· Le condizioni della costruzione	96
· I principi costruttivi	99
· Il materiale	102

Un'opera «d'arte totale»	110
· Forme scultoree e «acustiche»	114
· Volumi sotto la luce	116
· Il colore	121
· La musica	125

Un'opera-manifesto	130
Note	135
Bibliografia	142

«In meinem Fall war die Entscheidung zu treffen, ob bei der plastischen Gestaltung des poetischen Phänomens Farbe und Rhythmus einen Akt der Vereinheitlichung oder der Zersplitterung darstellen. Ob Architektur, Skulptur und Malerei, Zeichnung und Farbe disparat oder synchron sind. Synchron und symphonisch. Und ob es überhaupt erlaubt ist, sein Leben nicht der Verherrlichung […] [des] ‹Funktionalismus› […] zu widmen (das berühmte Wort […] wurde nicht hier erfunden), sondern durch das Mittel, das man ‹Kunst› nennt, ins Reich des Unbekannten vorzustossen. Nach dem Wörterbuch ist Kunst ‹die Art, etwas zu machen›.»

Le Corbusier (1)

«Non resta (…) che decidere se occuparsi del fenomeno poetico manifestato dal volume, dal colore e dal ritmo sia un fatto di unità o un gesto di dispersione. Se architettura, scultura, pittura, e cioè volume, disegno e colore sono disparati o sincroni; sincroni e sinfonici; e se è ammissibile una vita consacrata non alla glorificazione (…) (del) famoso ‹funzionalismo›, parola che non fu mai inventata qui, ma a commuovere degli esseri sconosciuti lungo la strada per mezzo di quello che comunemente chiamiamo arte; il dizionario dice che l'arte è la maniera di fare».

Le Corbusier (1)

Vorwort

Über die Kapelle von Ronchamp gibt es zahlreiche Texte und eine außergewöhnlich reichhaltige Ikonographie; nur wenige Bauten von Le Corbusier haben Fotografen und Interpreten so sehr inspiriert, und nur wenige hat Le Corbusier selbst mit soviel Inbrunst erläutert. Nicht zuletzt entschloß er sich, seine allerersten Entwürfe mit Kommentaren versehen zu veröffentlichen, und so läßt sich der Werdegang dieses Projekts in großen Zügen anhand mehrerer kleiner Sammlungen nachvollziehen. (2) Notre-Dame-du-Haut bildet als eines der wenigen ausgeführten Werke außerhalb des berühmten Œuvre Complète eine Ausnahme. Dank der Skizzenhefte und des Korpus der erhaltenen Pläne und Archivdokumente gewährt die Kapelle von Ronchamp von allen Projekten Le Corbusiers den besten Einblick in den ihm eigenen Prozeß architektonischer Erfindung und Gestaltung.

Dieser Führer lädt zunächst, natürlich, zu einem Streifzug an Ort und Stelle ein, darüber hinaus aber auch zu einer Ent-

Introduzione

I testi sulla cappella di Ronchamp sono numerosi e l'iconografia è eccezionalmente abbondante; pochi edifici di Le Corbusier hanno ispirato come questo fotografi ed esegeti, pochi sono stati commentati con altrettanto attaccamento da parte dell'architetto; egli aveva infatti deciso di pubblicarne gli schizzi di ricerca, accompagnati dai suoi commenti; e molte piccole raccolte offrono quindi qualche traccia della genesi del progetto (2). E' una delle rare realizzazioni che, a parte la pubblicazione delle celebri Opere complete, fanno eccezione alla regola. Grazie ai quaderni degli schizzi, alla raccolta dei progetti e ai documenti d'archivio conservati, la cappella di Ronchamp è, tra tutti i progetti, quello che illustra meglio il processo della concezione e della creazione architettonica in Le Corbusier.

Questa guida invita sì ad una passeggiata nell'edificio, ma anche ad un'esplorazione all'interno del processo di progettazione e del procedimento creativo

deckungsreise hinein in die Projektierung und den kreativen Ansatz Le Corbusiers, wobei er streng von dessen Aussagen und Schriften ausgeht. (3) Ronchamp ist zweifellos das am meisten besuchte Bauwerk von Le Corbusier; zu Tausenden strömen Menschen aus aller Welt auf den Hügel Bourlémont, und die Kapelle ist nicht nur zu einer berühmten Stätte sakraler Architektur geworden, sondern auch zu einem architektonischen Wallfahrtsort gleich den Hochburgen des Weltkulturerbes.

Die Kapelle Notre-Dame-du-Haut, mit deren Planung 1950 begonnen und deren Bau 1955 abgeschlossen wurde, ist das erste Projekt religiöser Architektur von Le Corbusier, das umgesetzt wurde, und es ist neben dem 1960 ausgeführten Kloster La Tourette das einzige bestehende. Die beiden anderen im *Œuvre Complète* veröffentlichten Projekte sind nicht verwirklicht worden: weder die unterirdische Basilika in La Sainte-Baume bei Marseille von 1948 noch die Kirche in Firminy von 1965, deren Bau nach Le Corbusiers Tod zwar begonnen wurde, aber unvollendet geblieben ist. Dies erklärt die Bedeutung der beiden bestehenden Sakralbauten im Hinblick auf Le Corbusiers Gesamtschaffen, und es erklärt die Ausdruckskraft, die beide Bauwerke in sich tragen. Die Kapelle von Ronchamp stellt in Le Corbusiers Werk zudem ein Manifest dar. Sie hat während der Bauzeit zu zahlreichen polemischen Auseinandersetzungen geführt und viele Reaktionen und Debatten seitens der Kritik und der Historiker ausgelöst. Und sie umreißt in der Mitte des 20. Jahrhunderts, in die sie sich einschrieb, mit klarem Strich das geschichtliche Territorium der zeitgenössischen Architektur.

«Die Architektur ist für sich allein ein totales plastisches Ereignis. Die Architektur

dell'architetto: questo, appoggiandosi decisamente sulle parole e gli scritti di quest'ultimo (3). La cappella di Ronchamp è senza dubbio l'edificio di Le Corbusier più visitato; sulla collina di Bourlémont si succedono a migliaia i visitatori venuti dal mondo intero, e il luogo è diventato non solo un vertice dell'architettura sacra, ma anche un pellegrinaggio architettonico, come i monumenti del patrimonio mondiale.

La cappella di Notre-Dame-du-Haut, la cui concezione ha inizio nel 1950 e la cui costruzione termina nel 1955, è il primo progetto di costruzione religiosa realizzato da Le Corbusier; è anche il solo esistente, insieme al convento di la Tourette costruito nel 1960. Gli altri due progetti, pubblicati nell'Opera completa, non vedono la loro realizzazione: nel 1948, quello di una basilica sotterranea sul luogo della Sainte-Baume, vicino a Marsiglia, e quello per la chiesa di Firminy nel 1965, la cui costruzione, iniziata dopo la scomparsa dell'architetto, resta incompleta. Ciò dimostra l'importanza che questi due edifici di architettura sacra rivestono nei confronti dell'insieme della produzione dell'architetto; e dimostra anche la forza espressiva che ognuno di essi contiene. La cappella fa da manifesto dell'opera di Le Corbusier. Ha generato molte polemiche al momento della sua costruzione, ha suscitato molte reazioni e dibattiti da parte della critica e degli storici; e, in questo ambiente del XX° sec. in cui si inserisce, segna in modo indelebile il terreno della storia dell'architettura contemporanea.

«L'architettura è di per sé un evento plastico totale. L'architettura è di per sé un supporto di lirismo totale. Un pensiero totale può essere espresso dall'architettura. L'architettura basta a se stessa. E' uno dei generi che fu creato per

ist für sich allein eine Stütze totaler Lyrik. Ein totaler Gedanke läßt sich durch die Architektur ausdrücken. Die Architektur genügt sich selbst. Sie ist eine der Gattungen, die geschaffen wurden, um durch sich selbst und in sich selbst einen ganzen Zyklus von Empfindungen zu verwirklichen, deren intensivste sich aus der mathematischen Wirkung ergibt (Proportionen), in denen das plastische Spiel symphonisch ist (Volumen, Farben, Materien, Licht).» (4) Diese Worte Le Corbusiers aus dem Jahre 1935 haben im Bau der Kapelle von Ronchamp gut fünfzehn Jahre später gleichsam ihren vollendetsten Ausdruck gefunden.

manifestare attraverso sé e in sé un intero ciclo di emozioni il più intenso dei quali verrà dall'influsso della matematica (proporzioni), nel quale il gioco plastico è sinfonico (volumi, colori, materie, luce)» (4). Queste discorso, tenuto da Le Corbusier nel 1935, sembra trovare la sua espressione più riuscita una quindicina di anni più tardi, con la realizzazione di Ronchamp.

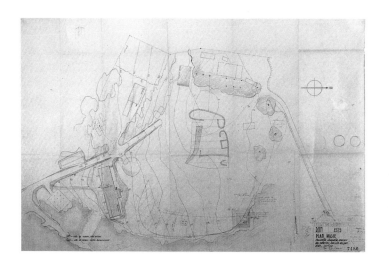

Lageplan
Piano di ubicazione

Besichtigung und Interpretation

Visita e lettura dell'edificio

Promenade architecturale

1

2

4

5

6

7

8

9

10

11

12

13

14

15

1 Der Zugangsweg zur Kapelle
La via d'accesso alla cappella

2 Das Pilgerhaus
La casa dei pellegrini

3 Gesamtansicht der Kapelle von Südosten
Veduta generale della cappella, dal lato sud-est

4 Südseite mit Hauptportal
Il lato sud con la porta d'ingresso principale

5 Das emaillierte Hauptportal auf der Südseite
La porta smaltata, a sud

6 Ostseite mit Außenchor
Il lato est con il coro esterno

7 Nordseite
Il lato nord

8 Südostecke und Außenchor
L'angolo sud-est e il coro esterno

9 Außenchor
Il coro esterno

10 Westseite mit Wasserbecken und Wasserspeier
Il lato ovest con la cisterna e il doccione

11 Nord- und Westseite
I lati nord e ovest

12 Innenansicht der Nord- und Ostseite, vom Haupteingang aus
Veduta dell'interno dei lati nord e est, dall'ingresso principale

13 Innenansicht der Südmauer
Veduta dell'interno del muro sud

14 Die Kirchenfenster
Le vetrate

15 Die nördliche Seitenkapelle
La cappella secondaria a nord

Lage

Die Kapelle Notre-Dame-du-Haut liegt auf dem Gipfel des Hügels Bourlémont, der das Dorf Ronchamp in der Haute-Saône überragt. Ronchamp befindet sich etwa zwanzig Kilometer von Belfort entfernt an der Strecke nach Vesoul.

Der Hügel ist von einer weitläufigen, sattgrünen und sanft geschwungenen Landschaft umgeben: der Langres-Ebene im Westen, den letzten Ausläufern der Vogesen im Norden, der Burgundischen Pforte (Trouée de Belfort) im Osten sowie den ersten Hochebenen des Jura und dem Flachland der Saône im Süden und Südwesten. Er steigt auf eine Höhe von fast fünfhundert Metern empor, und seine bewaldeten, steilen Flanken sind von zwei Zufahrtssträßchen durchzogen. Oben auf dem Gipfel wird er flacher und bildet ein kleines Plateau, auf dem sich die Kapelle erhebt.

Seine jähen Abhänge machen diesen Hügel zu einer Art natürlichen Festung, und die ältesten Spuren seiner Geschichte lassen vermuten, daß er einst von strategischer Bedeutung war. (1) In der Tat verlief die Römerstraße, welche die Stadt Langres mit dem Rhein verband und die der heutigen Verkehrsachse zwischen Paris und Basel entspricht, über die Burgundische Pforte, über der sich der Bourlémont erhebt. Die Römer hatten dort während der Eroberung Galliens eine ihrer Stellungen errichtet. Und der Name Ronchamp dürfte denn auch höchstwahrscheinlich lateinischen Ursprungs sein: *Romanorum campus*, Feldlager der Römer. Nach der Überlieferung stand seit dieser Zeit ununterbrochen ein Tempel auf dem Bourlémont. Im 4. Jahrhundert trat an die Stelle des antiken heidnischen Bauwerks eine geweihte Stätte zu Ehren der Muttergottes. So wandelte sich dieser bewehrte

Il luogo

La cappella di Notre-Dame-du-Haut è situata in cima alla collina di Bourlémont che domina il paese di Ronchamp, nella regione della Haute-Saône. Questo si trova ad una ventina di chilometri da Belfort, sulla strada per Vesoul.

La collina è circondata da vasti paesaggi verdeggianti dalle forme dolci: a ovest, il pianoro di Langres; a nord, gli ultimi contrafforti dei Vosgi; a est, la Porta di Belfort; a sud e a sud-ovest i primi pianori del Giura e la pianura della Saône. La collina si eleva ad un'altitudine di quasi cinquecento metri, e i suoi fianchi sono scoscesi e scavati da due sentieri d'accesso; si arrotonda sulla cima per formare un piccolo pianoro sul quale si erge la cappella.

Le sue pareti ripide fanno della collina una specie di fortezza naturale e i primi ritrovamenti della sua storia la fanno apparire un luogo strategico (1). Infatti, dalla Porta di Belfort su cui domina la collina, passava la via romana che collegava la città di Langres al Reno; questa via corrisponde all'attuale asse di circolazione tra Parigi e Basilea. I romani vi avrebbero installato una delle loro postazioni durante la conquista della Gallia. E l'etimologia più verosimile di Ronchamp sarebbe latina: Romanorum campus, accampamento o campo dei romani. La tradizione vuole che si sia innalzato un tempio a partire da questa epoca sulla collina di Bourlémont. E nel IV° sec., sul luogo dell'edificio pagano, sarebbe stato eretto un santuario in onore della Vergine. Così, questo luogo fortificato diventa il ricovero di un culto e alla protezione naturale si aggiunge in un certo senso una protezione sovrannaturale.

Die Lage der Kapelle
La posizione della cappella

Standort zu einem christlichen Obdach, und zum natürlichen gesellte sich gewissermaßen ein übernatürlicher Schutz.

Eine Kapelle auf dem Bourlémont wird zum ersten Mal im 13. Jahrhundert erwähnt. Seit dieser Zeit ist der Hügel als Wallfahrtsort bekannt, eine Tradition, die Legenden über Wunder, die angeblich damit in Verbindung stehen, zusätzlich verstärkten. Im 18. Jahrhundert entstand eine Kirche im Tal, und zwar an der Stelle der heutigen Gemeinde Ronchamp. Damit man die Kapelle auf dem Hügel von der Pfarrkirche unterscheiden konnte, trug sie fortan den Namen Notre-Dame-du-Haut. Sie überstand die Wechselfälle der Revolution und nahm im 19. Jahrhundert ihre Aufgabe als Wallfahrtsort wieder auf.
Ihren Höhepunkt als Pilgerziel erlebte sie nach dem Ende des deutsch-französischen Kriegs am 8. September 1873, am Fest der Geburt Mariens, als rund dreißigtausend Pilger und Pilgerinnen beider Nationen dort zusammenströmten.

Die Umgebung von Ronchamp ist somit von einer langen Geschichte und von ihrer Tradition als Wallfahrtsziel geprägt, die in ihrer Kultur tief verankert ist: Sie verleiht dem Ort seine symbolische Bedeutung und erfüllt ihn überdies mit einer starken emotionalen Kraft. Le Corbusier, der besonders empfänglich war sowohl für die Atmosphäre, die diesen Ort durchdringt, als auch für dessen kosmische Dimension, erklärte anläßlich der Einweihung seiner Kapelle gegenüber einem Journalisten: «Das hier ist ein Wallfahrtsziel, aber es gibt viel unergründlichere Dinge, als man gemeinhin glaubt; manche Stätten sind heilig, und man weiß nicht weshalb: aufgrund ihrer Umgebung, der Landschaft, der geographischen Lage, der politischen Spannung, die ringsum herrscht, usw. Es gibt auserwählte Orte, ‹Hochsitze› in den beiden Bedeutungen des Wortes: Höhe und sodann Erhabenheit.» (2)

L'esistenza di una cappella sulla collina di Bourlémont è menzionata per la prima volta nel XIII° sec.; da quell'epoca, il luogo è conosciuto come meta di pellegrinaggio e questa tradizione si vede rafforzata dalle leggende di miracoli che vi si collegano. Nel XVIII° sec., viene eretta una chiesa nella valle, nel luogo dell'attuale municipio di Ronchamp; la cappella situata sulla collina prende allora il nome di Notre-Dame-du-Haut per distinguerla dalla chiesa parrocchiale. Conosce le vicissitudini della rivoluzione, e poi ritrova nel XIX° sec. la sua funzione di pellegrinaggio; questa funzione conosce la sua apoteosi all'indomani delle ostilità franco-tedesche, l'8 settembre 1873, data della celebrazione della Nascita di Maria, quando vi si riuniscono circa trentamila pellegrini provenienti dalle due nazioni.

Il luogo di Ronchamp è quindi pregno di una lunga storia e la sua tradizione di pellegrinaggio, profondamente inscritta nella cultura locale, dà al luogo una dimensione simbolica, dotandolo anche di un indubbio potere emotivo.

Particolarmente sensibile all'atmosfera che impregna questo luogo e alla dimensione cosmica del sito, Le Corbusier, al momento dell'inaugurazione della cappella, spiega ad un giornalista: «E' una meta di pellegrinaggio, ma ci sono delle cose molto più profonde di quanto non si creda in genere; ci sono dei luoghi sacri, non si sa perché: per la posizione, per il paesaggio, la situazione geografica, la tensione politica che li circonda, ecc. Ci sono dei luoghi scelti, dei ‹luoghi superiori› nei due sensi del termine: l'altitudine e poi l'elevazione» (2).

Die «Promenade architecturale»

Wer die plastische Vielfalt des Bauwerks wahrnehmen, seine Formen, Räume und Funktionen begreifen will, muß sich auf die schon längst berühmt gewordene «promenade architecturale» begeben, die Le Corbusier bereits in den zwanziger Jahren anregte, um seine Bauten faßlich zu machen. Und der beste Zugang zur Kapelle, den Besucher und Besucherinnen gewinnen können, bedingt, daß sie deren Beschreibung und Interpretation mit diesem Weg-Konzept, mit dieser physischen Annäherung an das Gebäude verbinden. Le Corbusier hat viel an diesem Weg gelegen, an der direkten Wahrnehmung, die er zum Verständnis einer Architektur für grundlegend hielt. Anläßlich einer Konferenz in Rom im Jahre 1936 äußerte er sich zur These, daß sich der Mensch, für den das architektonische «Spiel» inszeniert wird, notwendigerweise einmischen müsse: «Formen unter dem Licht. Drinnen und draußen; darunter und darüber. Drinnen: man tritt ein, man geht umher, man schaut beim Gehen, und die Formen erklären sich, entwickeln sich, fügen sich zusammen. Draußen: man tritt heran, man schaut hin, man interessiert sich, man hält inne, man beurteilt, man geht darum herum, man entdeckt. Man ist unaufhörlich verschiedenen und sukzessiven Erschütterungen ausgesetzt. Und dann offenbart sich das Spiel, das gespielt wird. Man geht umher, man bewegt sich, man hört nicht auf, sich zu bewegen, sich zu drehen. Beobachten Sie, mit welchen Mitteln der Mensch die Architektur wahrnimmt … es sind Hunderte von aufeinanderfolgenden Wahrnehmungen, die seine architektonische Empfindung ausmachen. Es ist seine Promenade, sein Kreisen, das zählt, das architektonische Ereignisse in Gang setzt.» (3) Diesem von Le Corbusier angeregten Spazieren kommt sein Bauwerk

La «passeggiata architettonica»

La percezione della ricchezza plastica dell'edificio, la comprensione delle sue forme, dei suoi spazi, delle sue funzioni, presume che si intraprenda l'ormai famosa «passeggiata architettonica» suggerita da Le Corbusier, fin dagli anni venti, per avvicinarsi alle sue realizzazioni. E l'approccio migliore che il visitatore possa avere alla cappella si ha collegando la sua descrizione e la sua lettura a questa idea di cammino, di apprendimento fisico dell'edificio. L'architetto si lega a questa necessità del percorso, della percezione diretta, indispensabile secondo lui, per la comprensione di un'architettura. Si spiega lungamente, in occasione di una conferenza tenuta a Roma nel 1936, su ciò che deve fare l'individuo per il quale il «gioco» architettonico è organizzato: «Delle forme sotto la luce. Dentro e fuori; sotto e sopra. Dentro: si entra, si cammina, si guarda camminando e le forme si spiegano, si sviluppano, si combinano. Fuori: ci si avvicina, si vede, ci si interessa, ci si ferma, si apprezza, si gira intorno, si scopre. Non si smette di ricevere delle scosse diverse, successive. E il gioco giocato appare. Si cammina, si circola, non si smette di muoversi, di girarsi. Osservate con quale dispositivi l'uomo si sintonizza con l'architettura…sono centinaia di percezioni successive che fanno la sua sensazione architettonica. E' la sua passeggiata, la sua circolazione che vale, che è motrice di avvenimenti architettonici» (3). Questo cammino proposto dall'architetto si adatta in modo esemplare all'edificio eretto sulla collina di Bourlémont.

Già dalla strada che collega Belfort a Vesoul, emerge dalla collina la figura bianca della cappella, forma organica e

Südfassade mit dem Hauptportal
La facciata d'ingresso, a sud

auf dem Bourlémont auf beispielhafte Art und Weise entgegen.

Schon von der Straße zwischen Belfort und Vesoul her zeichnet sich die weiße Silhouette der Kapelle auf dem Hügel gegen den Horizont ab: eine organische, verblüffende Form, ein fernes Signal, das die Blicke von allen vier Himmelsrichtungen auf sich zieht. Ausgehend von Ronchamp begeben sich Besucher und Besucherinnnen auf einen schmalen steilen Weg. Auf dem Hügelkamm angekommen, erklimmen sie einen Pfad zwischen Bäumen und Hecken – dann taucht die Kapelle zwischen dem Blattwerk auf. Der erste Anblick verblüfft unfehlbar: Die Kapelle wirkt zugleich gewaltig und gering, beeindruckend und beruhigend, verwirrend und vertraut. Beidseits dieses Zugangs befinden sich zwei Gebäude, deren geometrische Volumen mit den organischen Formen der Kapelle lebhaft kontrastieren: auf der einen Seite, im Vordergrund, der langgezogene, horizontale Baukörper des «Pilgerhauses» (mit zwei Schlafsälen und einem Eßsaal) und auf der anderen, verborgen hinter den Bäumen, das «Wärterhaus», das der Kaplan von Notre-Dame-du-Haut bewohnt. Beide Gebäude sind der gleichen Formensprache verpflichtet: Dominanz des rechten Winkels, Ausführung in Rohbeton, das Dach in zwei gegeneinander verschobene Schrägen unterteilt. Beim Pilgerhaus bildet die begrünte nördliche Dachschräge – Richtung Kapelle – eine Verlängerung der Grünfläche rund um den Altar im Freien. Die Südfassade ist rhythmisch gestaltet, durch große Fenster- und Türnischen sowie Bruchsteinmauern aus Überresten der ehemaligen Kapelle, deren weißer Kalküberzug mit Dreiecken in verschiedenen Farben bemalt ist, unter denen Weiß und Blau vorherrschen; hier durch ein gelbes Viereck, dort durch ein gelbes und ein purpurrotes Dreieck aufgebrochen. Die kunstvolle Anordnung der Eßtische aus

sorprendente, segnale lontano che attira lo sguardo dai quattro orizzonti. A partire dal paese di Ronchamp, il visitatore imbocca una piccola strada ripida; giunto in cima alla collina, si inerpica ancora per un sentiero tra gli alberi e le siepi; la cappella sorge dietro il fogliame. Il primo impatto non manca di sorprendere; la cappella sembra al contempo monumentale e piccola, impressionante e rassicurante, sconcertante e familiare.
Da una parte e dall'altra del sentiero si trovano due edifici i cui volumi geometrici contrastano con le forme organiche della cappella: da un lato, in primo piano, il lungo volume orizzontale della «casa del pellegrino» (che comprende due dormitori e un refettorio); dall'altro, nascosta dietro gli alberi, la «casa del custode», occupata dal cappellano di Notre-Dame-du-Haut.

Questi edifici derivano entrambi dallo stesso linguaggio: predominanza di linee ortogonali e costruzione in calcestruzzo a vista, con copertura a due spioventi scalati. Nella casa del pellegrino, lo spiovente nord – dal lato della cappella – coperto dal prato, prolunga l'invaso verde intorno all'altare all'aperto. Il lato sud presenta una facciata ritmata da larghe aperture e da muri di ciottoli recuperati dalla vecchia cappella rivestiti di latte di calce coperto di pitture policrome a forma di triangoli dove dominano il bianco e il blu, riempiti qui da un quadrato giallo, là da un triangolo giallo e un triangolo color porpora. Questa architettura armonica è ravvivata anche dal ritmo sapiente dei tavoli da pranzo in calcestruzzo, posti davanti alla facciata.
Quando si sale il sentiero, le linee orizzontali della casa del pellegrino, sottolineate dalla policromia, sembrano visibilmente servire da base alle forme dinamiche della cappella.

Beton vor der Fassade hebt die Harmonie dieser Architektur noch hervor. Beim Aufstieg erscheinen die Horizontalen des Pilgerhauses, von der Polychromie unterstützt, als visuelle Grundlage für die dynamischen Formen der Kapelle.

Das Äußere

«Draußen: man tritt heran, man schaut hin, man interessiert sich, man hält inne, man beurteilt …» Die Annäherung an das eigentliche Gebäude erfolgt von Süden her: weiße, fest verankerte Massen eines hohen Turms und einer Mauer mit seltsamen Öffnungen, dunkle und dynamische Masse eines schweren Dachs, das auf der dicken, schrägstehenden Mauer ruht … einige farbige Pinselstriche auf der Tür … Alles in allem wird der Kontrast der Formen durch das Material noch hervorgehoben.

Die Südfassade mit dem Hauptportal

Die Eingangsfassade bildet eine gekrümmt verlaufende Mauer, die vom Dachvolumen beherrscht wird. Zwischen dieser Mauer und dem hohen Südwestturm ist in einer lotrechten Zwischenwand das emaillierte Portal eingelassen: der Haupteingang zur Kapelle. Die Südfassade ist von Öffnungen durchbrochen, Rechtecken in verschiedenen Größen, die bald als stark reduzierte Kerben fast direkt auf der Maueroberfläche der Fassade, bald als tiefe Wabenzellen auftreten.

Die große Mauer weist eine komplexe Form auf. Es handelt sich um eine Fläche im Raum, die, auf die Ausrichtung des Eingangs bezogen, schräg steht und sich dabei zunehmend aufrichtet, um schließlich in der überhängenden südöstlichen

L'esterno

«Fuori: ci si avvicina, si vede, ci si interessa, ci si ferma, si apprezza...» Il visitatore arriva dal lato sud: masse bianche e solidamente ancorate di un'alta torre e di una muraglia dalle poche aperture, una massa scura e dinamica di una pesante copertura che appoggia sullo spesso muro inclinato...qualche tocco di colore disseminato sulla porta. Subito, il contrasto delle forme è messo in rilievo dai materiali.

La facciata d'ingresso, a sud

La facciata d'ingresso si compone di un muro curvilineo dominato dal volume della copertura; tra questo muro e l'alta torre a sud-ovest, in una parete verticale, si apre la porta smaltata che è l'ingresso principale della cappella. Il muro è bucato da aperture, di forma ortogonale e di dimensioni diverse, che sono a volte aperture molto ridotte, quasi a filo di facciata, a volte alveoli profondi.
La parete del muro è di forma complessa: è una superficie sghemba, inclinata rispetto al piano d'ingresso, e che si raddrizza progressivamente per ristabilire la verticalità nello slancio dell'angolo sudest. Nel lato in cui ha l'altezza minore e la massima inclinazione, la sua base è più larga e la copertura sembra pesare con più forza. La separazione del muro dal volume della torre è segnata dal piano verticale in cui si apre la porta. In questo punto, lo svincolo tra la massa del tetto e quella della torre è ottenuto con un intervallo più ridotto. Il muro sud si ricollega al lato est con una verticale che è il punto più alto della cappella.

Di fronte alla libertà e al dinamismo delle forme, l'ordine geometrico viene ristabili-

Ecke ganz in die Vertikale überzugehen. Auf der Seite mit der geringsten Höhe und der stärksten Neigung ist ihre Grundfläche am größten, und das Dach scheint dort besonders schwer aufzuliegen. Die Trennung der Mauer vom Turmvolumen wird durch die Wand markiert, in die das Portal eingelassen ist, wobei die Loslösung der Dachmasse von der Turmmasse an dieser Stelle durch einen verkleinerten Zwischenraum erfolgt. Die Südmauer verbindet sich mit der Ostseite entlang einer vertikalen Linie, die bis zum höchsten Punkt der Kapelle emporsteigt.

Angesichts der Freiheit und der Dynamik der Formen wird die geometrische Ordnung durch einige Elemente wiederhergestellt, die innerhalb der Komposition von grundlegender Bedeutung sind. So binden zwei Blöcke mit jeweils parallelen Seitenpaaren die Wand mit dem Hauptportal ein: der eine, der vertikale, als Grundstein der Kapelle; der andere, der horizontale, in Form einer Konsole, die aus der Wand des hohen Turms ausgefugt ist und den rechten Winkel markiert. Diese beiden Raummarken betonen den zwischen dem mächtigen Volumen des Südwestturms und der schrägstehenden Masse der Südmauer zurückversetzten Eingangsbereich. Außerdem stellen sie eine Referenz an den rechten Winkel und die Statik in einer Fassade dar, in der sämtliche dominanten Linien gekrümmt und schräg verlaufen. Als die an dieser Stelle einzigen vorspringenden Raumelemente tragen sie durch den Kontrast zu den wabenartigen Öffnungen in der Fassade zu einem plastischen Spiel von Positiven und Negativen bei.

«... man geht darum herum, man entdeckt. Man ist unaufhörlich verschiedenen und sukzessiven Erschütterungen ausgesetzt ...»: Die hohe Vertikale in der Südostecke zieht die Herantretenden spontan an und lenkt sie sogleich nach

to da alcuni elementi, essenziali nella composizione. Così, il piano della porta è messo in risalto da due blocchi parallelepipedi: uno, verticale, è la pietra di fondazione della cappella, l'altro, orizzontale, è una mensola conficcata nella parete della grande torre, che mette in evidenza l'angolo di destra. Questi due volumi sottolineano lo spazio d'ingresso, arretrato tra l'imponente volume della torre a sud-ovest e la massa inclinata del muro sud. Segnano anche un riferimento nei confronti dell'ortogonalità e della statica in una facciata le cui linee dominanti sono le curve e le oblique. Questi sono gli unici due volumi sporgenti e contribuiscono ad un gioco plastico di positivi e negativi attraverso il contrasto con gli alveoli delle aperture.

Poi, «si gira attorno, si scopre. Non si smette di ricevere delle emozioni diverse, successive»...; l'alta verticale dell'angolo di sud-est attira spontaneamente il visitatore che viene quindi condotto verso est dove si trova il coro esterno. Questo è anche il cammino seguito dalla processione dei fedeli, i giorni di pellegrinaggio, tra la grande porta a sud e l'altare all'aperto. Lo slancio di questo angolo sembra allora come una «prora» alla quale si attacca la navicella della copertura.

Il coro esterno, a est

Stesso aspetto di vela gonfia, stessa forma di ala d'aereo, a est, dove la copertura avanza in un largo sbalzo sopra ad un coro esterno. Ancorato all'estremità dell'angolo sud-est, questo sbalzo scende verso il lato nord per poggiare su di un pilastro nascosto in un rivestimento di forma cilindrica. Come il muro sud, questa parete è una superficie sghemba e la sua forma si dilata per inglobare il coro.

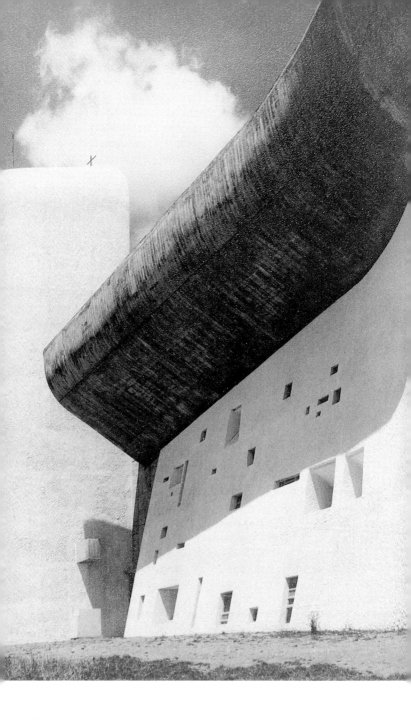

Südmauer und Südwestturm
Il muro sud e la torre sud-ovest

Osten, wo sich der Außenchor befindet. Dies ist auch der Weg, den die Prozession der Gläubigen an Wallfahrtstagen zwischen dem großen Portal im Süden und dem Altar im Freien einschlägt. Der Überhang dieser Ecke wirkt wie eine Art «Bug», an den sich das Dach in Gestalt eines Nachens wie anschmiegt.

Die Ostfassade mit dem Außenchor

Einem geblähten Segel, einem Flugzeugflügel gleich präsentiert sich die Kapelle von Osten her, wo das Dach weit über einen Außenchor vorspringt. Dieses am äußersten Ende der Südostecke angebundene Vordach senkt sich gegen Norden hin ab und ruht dort auf einem Pfeiler, der sich hinter einer zylindrisch geformten Umhüllung verbirgt. Wie die Südmauer stellt auch die Ostwand eine gekrümmte Fläche im Raum dar: mit ihrer ausladenden Gestalt umfaßt sie den Außenchor. Dieser Außenchor, der für Gottesdienste im Freien und Zusammenkünfte an Wallfahrten bestimmt ist, öffnet sich auf eine natürliche Esplanade. Sie wird auf der einen Seite durch die betont rechtwinkligen, niedrigen Baukörper der Pilgerunterkunft und auf der andern durch eine Steinpyramide begrenzt, die als Mahnmal für die Toten dient.

Der Chor ist am Boden von Steinplatten eingefaßt, die in ihrem Lauf dem Bogen des überhängenden Vordachs folgen. Dieser Dachausläufer ragt über die für die Liturgie erforderlichen Elemente (Altar, Bank für die Offizianten, Kanzel und Chortribüne) hervor und schützt sie. In einer Mauernische steht eine Marienstatue, die sowohl vom Innern der Kapelle als auch von außen zu sehen ist. Ein zweiter Eingang, den Zelebranten vorbehalten, trennt die senkrechte Ostwand von der Rückseite der Südmauer. In diese Rückseite sind Ni-

Destinato alle funzioni all'aperto e ai raduni nei giorni di pellegrinaggio, il coro si apre su di una spianata naturale; questa è delimitata ad una delle sue estremità dai volumi ortogonali e bassi del rifugio dei pellegrini, dall'altra da una piramide di pietre, che ha funzione di monumento ai morti.

Il coro è circoscritto al terreno da un lastricato che segue la curvatura della copertura a sbalzo. Questa copertura sopravanza e protegge gli elementi necessari alla liturgia (altare, panca degli officianti, pulpito e cantoria). Un'apertura accoglie una statua della Vergine, visibile dall'esterno e dall'interno. Un ingresso secondario, riservato ai celebranti, separa il muro della parete verticale dal rovescio del muro sud. In questo rovescio sono scavate delle nicchie, destinate ad accogliere gli oggetti necessari al culto.

Gli elementi secondari presentano le forme più semplici e producono un effetto stabilizzante nella composizione d'insieme. Così, l'elemento principale, l'altare, è un blocco di pietra bianca, un parallelepipedo posto su due basi d'appoggio ortogonali, tagliato secondo il Modulor. Gli altri elementi sono dei volumi geometrici, realizzati in calcestruzzo, che, come a sud, vanno a sottolineare l'angolo destro della facciata. Rispondono alle forme arrotondate dell'edificio, come quelle della cantoria e del rivestimento che circonda il pilastro, e introducono la dimensione umana. Il pulpito costituisce un oggetto plastico in quanto tale: questo cubo severo, posto su di un pilastro e al quale si accede da una scala obliqua all'indietro, è addossato alla parete della massa cilindrica intonacata di bianco; realizzato in calcestruzzo a vista, crea un contrasto, per la sua forma e il colore del materiale, con le pareti della cappella.

Südostecke
L'angolo sud-est

schen eingelassen, welche die während der Messe benötigten geweihten Gegenstände beherbergen.

Die spezifischen Elemente präsentieren sich in den einfachsten Formen und wirken als stabilisierende Faktoren innerhalb der Gesamtkomposition. So besteht das Hauptelement – der Altar – aus einem weißen Steinblock mit drei jeweils parallelen Seitenpaaren, der nach dem Modulor geschnitten ist und auf einem rechtwinkligen Sockelpaar ruht. Bei den übrigen Elementen handelt es sich um geometrische Volumen, die aus Beton gefertigt sind und wie auf der Südseite ebenfalls den rechten Winkel in der Fassade markieren. Sie nehmen zudem die Rundungen des Gebäudes auf – so die Chortribüne oder die Pfeilerschale – und führen gewissermaßen die menschliche Dimension ein. Die Kanzel bildet ein plastisches Element für sich: Dieser strenge Würfel, der auf einem Sockel steht und über eine dahinter verborgene Treppe zugänglich ist, lehnt sich an die weiß verputzte zylindrische Pfeilerschale an. In Rohbeton gefertigt, schafft die Kanzel durch Form und Farbe ihres Materials einen Kontrast zu den Kapellenwänden.

Ein weiteres kubisches Element in Rohbeton – die Anrichte für die Kultgegenstände, die zur Feier der Messe im Freien benötigt werden –, befindet sich in einer der auf der Rückseite der Südmauer in die Wand eingelassenen Nischen. Diesen Nischen in Rechteckform kommt in der Gesamtkomposition eine Schlüsselrolle zu. Sie akzentuieren das Spiel der Raumformen, das die anderen Elemente erzeugen, indem sie gewissermaßen deren Negativ verkörpern. Darüber hinaus machen sie deutlich, wie dick die Mauer ist, und verleihen ihr dadurch ihre ganze Stofflichkeit.

Mit ihrem Spiel mit gekurvten und schrägen Linien, ihren auf die landschaftliche

Un altro elemento cubico, in calcestruzzo grezzo, una tavola di servizio per gli oggetti necessari alla funzione all'aria aperta, è posto in una delle nicchie scavate nella parete posteriore del muro sud. Queste nicchie, di forma ortogonale, hanno un'importanza fondamentale nella composizione dell'insieme: esse accentuano il gioco di volumi creato dagli altri elementi e ne sono, in qualche modo, il negativo. Inoltre, segnano lo spessore della parete, dandole tutta la sua materialità.

Giochi di linee curve e oblique, forme tese verso il paesaggio circostante, il carattere di queste due facciate, tutte in movimento, risponde alla funzione che ha voluto loro attribuire l'architetto: facciata di accoglienza, a sud, torre di chiamata e muro aperto; facciata che riceve a est, muro incurvato per riunire una folla di pellegrini; un ecclesiastico, testimone della prima ora, commenta questa funzione di «cattedrale» che può prendere la cappella: «nei giorni dei grandi pellegrinaggi il 15 agosto e l'8 settembre, la spianata diventa una chiesa all'aperto. L'architettura trova nel cielo e nell'orizzonte il suo vero rapporto. La pensilina che ripara l'altare ha la solennità di un coro di cattedrale. (...) vista dalla cappella, la cerimonia acquista un'ampiezza straordinaria. L'altare ordina una vita multipla, sparsa in cerchi concentrici. Davanti, la folla rappresenta il cuore del paesaggio; intorno, i monumenti innalzati dall'architetto, piramide, rifugio, disegnano il recinto sacro con degli elementi fermi che proteggono l'insieme senza tuttavia tagliarlo fuori dal mondo. Oltre, in lontananza si spiega il circo blu del paesaggio e il cielo. L'altare appare come il centro di una celebrazione cosmica» (4).

Das Hauptportal im Süden
La porta d'ingresso, a sud

Der Außenchor im Osten
Il coro esterno, a est

Umgebung ausgerichteten Formen, entsprechen diese beiden dynamischen Fassaden in ihrem Wesen exakt der Funktion, die Le Corbusier ihnen zugedacht hat: im Süden eine Fassade, die willkommen heißt, ein Signalturm und eine offene Mauer; im Osten eine Fassade, die umfängt, eine gekrümmt verlaufende Mauer, um die Pilgermassen gleichsam zu sammeln. Ein Geistlicher, Zeuge der ersten Stunde, äußerte sich über diese Funktion als «Kathedrale», die die Kapelle übernehmen kann, wie folgt: «... an bedeutenden Wallfahrtstagen, am 15. August und am 8. September, verwandelt sich die Esplanade in eine Kirche im Freien. Die Architektur findet in Himmel und Horizont ihre wahre Entsprechung. Das Vordach, das den Altar schützt, kommt an Feierlichkeit dem Chor einer Kathedrale gleich. [...] Von der Kapelle aus gesehen, nimmt die Zeremonie eine außergewöhnliche Breite an. Der Altar ordnet ein vielfältiges Leben, verteilt auf konzentrische Kreise. Direkt davor bildet die Menschenmenge das Herz der Landschaft; etwas entfernt kennzeichnen die vom Architekten aufgestellten Monumente – Pyramide, Pilgerhaus ... – den heiligen Bereich mit sicheren Elementen; sie beschützen die Versammlung, ohne sie aber von der Welt abzuschneiden. Darüber hinaus, in der Ferne, breitet sich des blaue Rund der Landschaft und des Himmels aus. Der Altar wirkt wie das Zentrum einer kosmischen Feier.» (4)

Die Fassaden im Süden und Osten bilden einen ausgeprägten Gegensatz zu den Seiten im Norden und Westen mit ihren vorherrschenden Horizontalen und Vertikalen, den stämmigen, wuchtigen Formen, etwa jenen der beiden kleinen Türme. Die Mauern scheinen hier der Landschaft gleichsam den Rücken zuzuwenden, um sich zu einem gegen außen geschützten und der Einkehr vorbehaltenen Raum zu schließen.

Le due facciate sud e est offrono un contrasto fondamentale con i lati nord e ovest, dominati da linee verticali e orizzontali, forme solide e tozze, come quelle delle due piccole torri. I muri sembrano qui voltare la schiena al paesaggio per richiudersi verso uno spazio protetto dall'esterno e chiuso per il raccoglimento.

La facciata nord

La facciata nord racchiude da una parte degli spazi per la funzione, dall'altra due cappelle secondarie, contenute nelle due torri. La parete verticale è animata da aperture di forma ortogonale e dalla linea obliqua di una scala a due rampe successive, che porta ai locali di servizio, e la cui dinamica sottolinea la composizione di pieni e di vuoti. Le aperture illuminano queste stanze così come l'angolo nord-est della navata.

Le due torri gemelle, di forma simile al cilindro, con la parete tagliata, sono sormontate da calotte orientate in direzioni opposte, una che prende la luce da levante, l'altra da ponente. Nell'intervallo che le separa, schiena contro schiena, si apre una porta secondaria che è l'ingresso abituale, riservato ai fedeli e ai visitatori. Come l'ingresso a est, questa porta è sormontata da un architrave dominato da due file di frangiluce. La seconda torre è in qualche modo formata dall'avvolgimento del muro ovest e costituisce il passaggio tra la facciata nord e quella ovest.

La facciata ovest

Il muro ovest è l'unica facciata cieca dell'edificio. Così come costituisce a nord una delle due torri, esso si arrotola a sud per formare la base della grande torre sud-ovest che accoglie la terza cappella

Altar, Kanzel und Chortribüne
L'altare, il pulpito e la cantoria

Die Nordfassade

Die Nordfassade umschließt zum einen die Sakristei und zum andern die Seitenkapellen in den beiden kleineren Türmen. Die vertikale Wand wird durch rechteckige Mauerdurchbrüche sowie durch die Schräge einer Treppe mit zwei Absätzen belebt, die zu Diensträumen führt und die mit ihrer Dynamik die Komposition von massivem Mauerwerk und Leerstellen unterstreicht. Die Öffnungen erhellen diese Teile ebenso wie die Nordostecke des Kirchenschiffs.

Die beiden annähernd zylinderförmigen Zwillingstürme mit den abgeschrägten Kanten werden von Halbkuppeln abgeschlossen, die in einander entgegengesetzte Richtungen weisen: die eine fängt das Licht der aufgehenden Sonne auf, die andere jenes bei Sonnenuntergang. Im Zwischenraum, der die beiden Türme Rükken an Rücken trennt, befindet sich eine Nebentür. Sie ist Gläubigen und Besuchern vorbehalten und wird im Normalfall als Eingang benutzt. Wie beim Eingang im Osten ragt auch über dieser Tür ein Sturz vor, dominiert von zwei Reihen Sonnenblenden. Der Turm zur Rechten wird gleichsam von einer Schneckenwindung am einen Ende der Westmauer geformt. Er bildet den Übergang zwischen der Nord- und der Westfassade.

Die Westfassade

Die Westmauer weist als einzige Fassade des Gebäudes keine Öffnung auf. Ebenso wie sie gegen Norden zur Bildung des einen Zwillingsturms beiträgt, rollt sie sich auch gegen Süden ein und bildet so die Basis für den hohen Südwestturm, der die dritte Seitenkapelle beherbergt. Diese Fassade ist durch die parabolisch gekrümmte Abgleichungslinie der Mauer und durch

secondaria. Questa facciata è caratterizzata dalla curva parabolica del filo superiore della parete e da un rigonfiamento che contiene il confessionale posto nella massa del muro. La linea del filo superiore collega in qualche modo la verticale della torre nord a quella della torre sud. E' questa torre, la più alta delle tre, visibile da lontano, che caratterizza così fortemente l'edificio nel paesaggio e ha funzione di richiamo.

Infine, la facciata è animata da elementi secondari, al contempo funzionali e plastici, che sono il doccione – da dove scola l'acqua piovana proveniente dal tetto – e la vasca che riceve quest'acqua. Questi elementi compongono un oggetto scultoreo e costituiscono un punto d'animazione della facciata. Le forme geometriche della cisterna (cilindro tronco e piramidi) realizzate in calcestruzzo a vista, contrastano con la parete uniforme di intonaco bianco e la forma dolce del rigonfiamento che contiene il confessionale. La forma a «canna di fucile» del doccione si conficca obliquamente nel muro, nel punto più basso della copertura, non visibile da questo lato. Questo elemento dà un accento molto forte alla composizione formale della cappella e costituisce un «evento plastico» nella «passeggiata architettonica»; infatti, per il visitatore, segna un tempo di arresto nel cammino: si guarda, ci si china, si gira intorno...

La doppia funzione che l'architetto ha voluto dare all'edificio – piccola cappella che ospita la preghiera e il raccoglimento, e luogo di culto pronto ad accogliere l'assemblea dei fedeli – è subito percettibile nelle forme della cappella, forme che contemporaneamente si oppongono e si equilibrano: lo slancio vertiginoso dell'angolo sud-est, compensato dalla massa delle torri, ancorate nel terreno; il di-

Nord- und Westseite
I lati nord e ovest

Wasserbecken und Wasserspeier auf der Westseite
La cisterna e il doccione a ovest

eine Ausbuchtung charakterisiert, in deren Mauermasse sich der Beichtstuhl befindet. Die Abgleichungslinie bindet in gewisser Hinsicht die Vertikale des Nordturms in jene des Südwestturms ein. Dieser letztgenannte – der höchste der drei und schon von weitem sichtbare – ist es denn auch, der das Bauwerk aus der Landschaft so stark heraushebt und damit eine Signalfunktion wahrnimmt.

Schließlich wird die Westfassade durch besondere Elemente zugleich funktionaler wie auch plastischer Art belebt. Es sind dies der Wasserspeier, durch den das Regenwasser vom Dach abläuft, sowie das Auffangbecken, in dem sich dieses Wasser sammelt. Die beiden Elemente formen ein skulpturales Objekt und wirken als belebender Blickfang der Fassade. Die streng geometrischen, in Rohbeton gefertigten Formen des Beckens (Zylinderstumpf und Pyramiden) heben sich von der einheitlich weiß verputzten Wand und der sanften Wölbung der Ausbuchtung ab, hinter der sich der Beichtstuhl verbirgt. Der Wasserspeier in Gestalt eines «Gewehrlaufs» ist am tiefsten Punkt des Daches, das von dieser Seite aus nicht zu sehen ist, in die Mauer eingelassen. Dieses Element setzt einen äußerst starken Akzent in der formalen Komposition der Kapelle; es stellt ein «plastisches Ereignis» innerhalb der «promenade architecturale» dar. Für Besucher ist es denn auch tatsächlich ein Ort des Innehaltens auf dem Weg: Man schaut hin, beugt sich darüber, geht darum herum …

Die Doppelfunktion, die Le Corbusier seinem Bauwerk übertragen wollte – kleine Schutzkapelle zur Sammlung und Einkehr ebenso wie Kultstätte, die die versammelte Gemeinde der Gläubigen aufnehmen kann – läßt sich in seinen Formen auf einen Blick erkennen. Es sind dies Formen, die sich zugleich einander widersetzen

namismo della navicella del tetto, controbilanciato dalla solidità e dalla staticità di queste torri, dalle linee arrotondate e dolci. Queste forme si completano e si rispondono, così come «rispondono» al paesaggio e ai quattro orizzonti.

L'interno

Penetrando nella cappella dalla porta situata a nord, – l'impatto è altrettanto forte se il visitatore entra dalla porta principale – di colpo lo sguardo è attirato dal muro sud e dal coro, a est. Il muro sud della cappella di Ronchamp è diventato emblematico dell'arte propria a Le Corbusier di comporre con la luce.

La percezione dell'interno dell'edificio non procede nello stesso modo che per l'esterno; mentre fuori per una buona comprensione dell'edificio bisogna girarci tutt'intorno, considerare ogni facciata secondo vari punti di vista, l'apprendimento dell'interno avviene per sensazioni successive, provocate dall'ambiente che si crea grazie ai giochi di luce nella composizione spaziale.

Conviene, certo, descrivere le caratteristiche essenziali dell'edificio, ma soprattutto suggerire al visitatore di lasciarsi invadere dall'emozione estetica che può provare: questa costruzione non vuole forse essere una «macchina per commuovere?» Le Corbusier scrive: «la cappella? un vaso di silenzio e di dolcezza. Un desiderio: sì! attraverso il linguaggio dell'architettura raggiungere i sentimenti qui evocati» (5) e rispondendo, nel 1961, ad un'intervista a proposito dell'architettura religiosa, spiega: «L'emozione viene da quello che vedono gli occhi, e cioè i volumi, da quello che il corpo riceve come impressione o pressione dei muri su di sé, e poi da quello che l'illumina-

und gegenseitig im Gleichgewicht halten: der schwindelerregende Überhang der Südostecke, der durch die Masse dieser im Boden verankerten Türme kompensiert wird; die Dynamik des Dachnachens, der mit seinen geschwungenen, weichen Linien ein Gegengewicht zur Festigkeit und Ausgewogenheit der Türme setzt. Diese Formen ergänzen sich gegenseitig und gehen aufeinander ebenso ein, wie sie auf die Landschaft und die vier Himmelsrichtungen «eingehen».

Das Innere

Beim Betreten der Kapelle durch den Eingang auf der Nordseite – der Eindruck ist ebenso überwältigend, wie wenn man durch das Hauptportal hereinkommt –, ziehen die Südmauer und der Chor im Osten sogleich den Blick auf sich. Die Südmauer der Kapelle von Ronchamp ist längst zu einem Sinnbild der für Le Corbusier typischen Kunst der Gestaltung mit Hilfe des Lichts geworden.

Die Wahrnehmung des Innenraumes folgt nicht demselben Ablauf wie die des Äußeren. Während man draußen um alles herumgehen und jede Fassade einzeln aus verschiedenen Blickwinkeln betrachten muß, um den Bau richtig zu verstehen, erfaßt man das Innere über eine Abfolge von Empfindungen, ausgelöst durch jene besondere Stimmung, die dank des vielfältigen Lichtspiels innerhalb der Raumkomposition geschaffen wird.

Zwar ist es gewiß sinnvoll, die Hauptmerkmale des Gebäudes zu beschreiben, aber in erster Linie gilt es, den Besucher, die Besucherin dazu anzuregen, sich vom ästhetischen Empfinden tragen zu lassen, es gleichsam zu erproben: Denn versteht sich dieser Bau nicht als «machine à émouvoir» – als «Maschine, die bewegen, rühren

zione vi dà sia in densità sia in dolcezza secondo i posti in cui si produce» (6).

Uno spazio «scolpito»

Facendo lo schizzo di un alzato interno della cappella, Le Corbusier annota: «anche il dentro è un ‹tuttotondo› (concavo)». Se l'esterno deriva dall'interno, l'interno non è solo il negativo delle forme esterne. I volumi della cappella sono modellati come cavità e l'edificio è concepito come una specie di abitacolo scolpito: «un edificio è come una bolla di sapone, questa bolla è perfettamente armoniosa se il soffio è ben distribuito, ben regolato all'interno» spiega l'architetto (7). Lo spazio, determinato dai rivestimenti dei muri e dalla copertura, sembra essere contenuto tra le pareti ovest e nord e le cappelle secondarie per allargarsi verso il lato sud e verso est, sia attraverso la fessura che lascia filtrare un sottile filo di luce sotto il tetto, sia attraverso le aperture distribuite su questi due lati.

I volumi interni sembrano concepiti secondo un rapporto dialettico instaurato tra lo spazio del coro, a est, e lo spazio opposto, a ovest. A seconda che il visitatore consideri l'una o l'altra di queste parti della cappella, la «sensazione architettonica» è completamente diversa. Impressione di equilibrio nella composizione del coro, e di quasi-rottura dell'equilibrio in fondo alla cappella; da un lato, delle linee verticali che «inquadrano» lo spazio del coro – quella del muro a nord e quella della parete dove si apre la porta secondaria nell'angolo sud-est – , delle linee orizzontali che posano lo sguardo – quelle della balaustra per la comunione, delle panche –, delle linee ortogonali che ristabiliscono l'ordine – quelle della croce, quelle della pietra d'altare, o

soll»? Le Corbusier hat geschrieben: «Die Kapelle? Ein Gefäß der Stille und der Sanftmut. Ein Wunsch? Ja! Durch die Sprache der Architektur zu den hier ausgelösten Gefühlen zu gelangen.» (5) Und 1961 erklärte er in einem Interview über religiöse Baukunst: «Das Empfinden rührt von dem her, was die Augen sehen, das heißt von den Volumen, von dem, was der Körper über den Eindruck oder den Druck der Mauern auf sich empfängt, und sodann von dem, was die Beleuchtung Ihnen vermittelt, an Dichte oder Sanftheit, je nach der Umgebung, in der sie auftritt.» (6)

Ein «skulpturaler» Raum

Auf einer skizzierten Innenansicht der Kapelle notierte Le Corbusier: «Das Innere ist auch ein ‹Hochrelief› (versenkt).» Wenn sich das Äußere aus dem Inneren ergibt, ist dieses Innere nicht einfach nur das Negativ der äußeren Formen. Die Volumen der Kapelle sind gleichsam in die Tiefe modelliert, und dem Bau liegt als Plan eine Art skulpturale Kommandokapsel zugrunde: «Ein Bauwerk ist wie eine Seifenblase. Diese Seifenblase ist vollendet und harmonisch, solange der Atem gut verteilt und von innen her gut reguliert ist», erklärte Le Corbusier. (7) Bestimmt durch die Mauerhüllen und das Dach, wird der Raum zwischen der Westwand, der Nordwand und den Seitenkapellen gleichsam im Zaum gehalten, um sich dann zur Südseite und nach Osten hin zu entfalten, dies sowohl über einen Spalt unter dem Dach, der einen winzigen Streifen Tageslicht eindringen läßt, als auch über die Öffnungen, die über diese beiden Mauern verteilt sind.

Die Volumen im Innern wirken wie gemäß einer dialektischen Beziehung zwischen dem Chorraum im Osten und dem ihm gegenüberliegenden Raum im Westen ge-

del pulpito a nord –: tutte linee in cui l'occhio trova la sicurezza di una stabilità e di una armonia: dall'altro lato, delle linee curve – quella della massa panciuta del tetto che pesa fortemente sullo spazio, la cimasa del muro ovest – , linee oblique – quelle del muro sud che incorniciano la porta principale –, linee che sottolineano l'impressione di dinamismo, ma anche di quasi–disequilibrio nella composizione spaziale, dove lo sguardo cerca un elemento a cui aggrapparsi.
Da una parte, una zona di luce, con il raggio luminoso che corre sotto la copertura a sud e a est, le aperture a larghe strombature del muro sud, i frangiluce sopra la porta est, l'apertura della nicchia della Vergine, i piccoli orifizi aperti tutt'intorno, nel muro del coro; dall'altro lato, una zona di penombra con le pareti chiuse che delimitano le cappelle secondarie a nord e il muro cieco a ovest.

Tutta l'organizzazione dello spazio interno è concepita in funzione dell'altare, centro dell'evento sacro e centro dell'evento architettonico: «E' con gli altari che il centro di gravità sarà segnato così come il valore, la gerarchia delle cose. In musica c'è una chiave, un diapason, un accordo; è l'altare, luogo sacro per eccellenza, che dà questa nota, che deve far scattare l'irradiamento dell'opera. Questa è preparata dalle proporzioni. La proporzione è cosa ineffabile» (8) constaterà più tardi l'architetto a proposito degli altari a la Tourette. Qui, la pietra d'altare è posta nel punto in cui la copertura è più alta. Tutte le linee dell'edificio sembrano aprirsi verso questo punto e lo spazio si dilata in questo luogo: le pareti nord e sud si dividono da una parte e dall'altra del coro; il pavimento, seguendo la pendenza naturale della collina, si inclina verso est e conduce all'altare. La luce, infine, anima questo dispositivo spaziale.

Der Chor im Osten und die Südmauer
Il coro a est e il muro sud

staltet. Je nachdem, ob man die eine oder die andere Seite der Kapelle betrachtet, ist das «architektonische Gefühl» ein vollkommen anderes: Gleichgewicht angesichts der Komposition des Chors und gleichsam Erschütterung des Gleichgewichts im rückwärtigen Teil der Kapelle. Nach der einen Seite hin Vertikalen, die den Chorraum «einrahmen» – die Nordmauer und die Zwischenwand mit dem Nebeneingang an der Südostecke –, Horizontalen, die den Blick auf sich ziehen – die Kommunionbank, die Sitzreihen –, Rechtecke, die die Ordnung wiederherstellen – das Kreuz, der Altarstein oder die Kanzel im Norden: zahlreiche Linien also, in denen das Auge beruhigende Stabilität und Harmonie findet. Nach der andern Seite hin dagegen Krümmungen und Kurven – die dickbauchige Masse des Dachs, die schwer auf dem Raum lastet, die Abgleichungslinie der Westmauer –, sodann Schrägen – jene der Südmauer, die das Hauptportal einfassen – und Linien, die einen Eindruck von Dynamik hervorrufen, aber damit zugleich das Gefühl drohenden Ungleichgewichts in der Raumkomposition, wo der Blick unwillkürlich nach einem Element sucht, an dem er sich festhalten kann.

Auf der einen Seite eine Zone des Lichts, mit dem Strahl, der im Süden und im Osten unter dem Dach durchhuscht, den mit tief in die Mauer greifenden Schrägen ausgestatteten Öffnungen in der Südmauer, den Sonnenschutzblenden über dem Ausgang im Osten, der Mauernische mit der Marienstatue und den über die ganze Chorwand verteilten kleinen Maueröffnungen. Auf der andern Seite eine Zone des Halbdunkels: geschlossene Mauern, die die Seitenkapellen im Norden umgeben, und die fensterlose Mauer im Westen.

Der Innenraum ist in seiner Gestaltung ganz auf den Altar ausgerichtet, den

L'alzato interno della cappella è fortemente caratterizzato dalla copertura che sembra comprimere lo spazio e poggiare pesantemente sopra alla navata, se la si osserva verso ovest. Paradossalmente, questa copertura sembra allo stesso tempo galleggiare se la si osserva al di sopra delle navate sud e est, grazie a questo sottile intervallo di luce. E' questa massa panciuta che dà allo spazio interno il suo aspetto dinamico, dove gli elementi dell'arredo intervengono per apportare delle pause nella composizione.

Gli elementi secondari

Gli elementi dell'arredo per il culto sono altrettanti oggetti plastici, determinanti nell'organizzazione dell'insieme; del resto sono parte integrante del progetto sin dalle sue premesse, le loro forme sono complementari a quelle dell'edificio e fanno loro eco. All'interno della cappella, gli elementi dell'arredo hanno lo stesso ruolo che all'esterno: sono degli oggetti che, oltre al loro carattere funzionale, si trovano ad equilibrare la composizione (altare, pulpito, confessionali, acquasantiere), strutturare lo spazio (balaustra per la comunione, panche, croce, candelabro); altri danno dei tocchi di colore che esaltano la forza del bianco di calce (porta, tabernacolo, vetrate).

Nella composizione interna, il ruolo di questi elementi sembra essere quello di formare, con le profonde nicchie delle aperture, un'alternanza tra vuoti e pieni che dà allo spazio il suo carattere di «tuttotondo concavo». Così, il cubo del pulpito, in calcestruzzo grezzo, il parallelepipedo dell'altare maggiore in pietra, la balconata della cantoria, i blocchi verticali delle acquasantiere, il volume ortogonale del confessionale, anch'esso in calcestruzzo, sono altrettanti elementi

Nordseite mit dem Nebeneingang und Westmauer mit den Beichtstühlen

Il lato nord, con la porta d'ingresso
secondaria, e il muro ovest, con i confessionali

Brennpunkt des heiligen und des architektonischen Geschehens: «Mit den Altären wird das Zentrum der Schwerkraft ebenso gekennzeichnet wie der Wert, die Hierarchie der Dinge. In der Musik gibt es einen Notenschlüssel, ein Register, einen Akkord; hier ist es der Altar als beispielhafter heiliger Ort, der diese Note verleiht, der das Werk zum Klingen bringen muß. Dies wird durch die Proportionen in die Wege geleitet. Die Proportion ist etwas Erhabenes.» (8) So äußerte sich Le Corbusier später über die Altäre im Kloster La Tourette. Hier steht der Altarstein an der Stelle, wo das Dach sich am höchsten erhebt. Alle Linien des Gebäudes scheinen sich auf diesen Punkt hin zu öffnen, und der Raum weitet sich: die Nordwand wie die Südwand weichen zu beiden Seiten des Chors zurück; der Boden, der der natürlichen Neigung des Hügels folgt, senkt sich gegen Osten und führt zum Altar hin. Und das Licht schließlich verleiht dieser Raumgliederung Leben.

Die Innenansicht der Kapelle wird zudem in hohem Maße durch die Decke charakterisiert. Blickt man gegen Westen, scheint sie den Raum zusammenzupressen und schwer auf dem Kirchenschiff zu lasten, paradoxerweise aber dank des schmalen Streifens Tageslicht gleichzeitig zu schweben, sobald man sie nach der Süd- oder Ostseite hin betrachtet. Vor allem anderen verleiht diese dickbauchige Masse dem Innenraum seine Dynamik, während die Einrichtungsgegenstände innerhalb der Gesamtkomposition als ruhende Pole dienen.

Die Einrichtung

Bei den religiösen Einrichtungsgegenständen handelt es sich ausnahmslos um plastische Objekte, die die Gesamtgestaltung entscheidend mitbestimmen. Sie wurden denn auch von Anfang an in das Projekt einbezogen; ihre Formen ergänzen jene statici e solidi che si oppongono al dinamismo delle linee della copertura e delle pareti dei muri. Questi elementi presentano ciascuno delle forme geometriche rigorose e spoglie e le loro pareti ortogonali ristabiliscono l'equilibrio in una composizione fatta di curve e di linee oblique. Anche qui, come all'esterno, essi introducono la verticale, l'orizzontale e l'angolo retto. Le panche, in legno di iroko, o la balaustra per la comunione, di ghisa, i cui profili curvi procedono da uno stesso linguaggio plastico, tracciano delle linee orizzontali nello spazio della navata, dando stabilità e costituendo delle note grafiche scure che contrastano con le pareti di intonaco bianco.

In questa composizione interna, il cui equilibrio va fino al punto limite di rottura, l'architetto gioca con le proporzioni con minuzia, desideroso di creare un luogo che simbolizzi sia la dinamica della preghiera che il silenzio della meditazione: «raggiunge l'armonia solo quello che è infinitamente preciso, esatto e consonante; solo quello che, in fin dei conti, anche all'insaputa di tutti, affascina il fondo della sensibilità; solo ciò che acuisce l'emozione» (9) spiega. Come le dimensioni della cappella, quelle di ognuno degli elementi dell'arredo liturgico sono calcolate secondo il Modulor, mezzo per verificare e stabilire le proporzioni tra ciascun elemento e il tutto. Nei testi che scrive per Ronchamp, Le Corbusier annota: «il lirismo, il fenomeno poetico sono innescati dall'intervento disinteressato, dalla risonanza dei rapporti, poiché tutto si appoggia sulla matematica impeccabile delle combinazioni» (10). Così, ognuno degli elementi dell'arredamento entra in armonia con l'insieme e partecipa a quello che l'architetto chiama il «gioco sinfonico» dell'architettura, gioco in cui interviene in più e puntualmente, il colore.

Chor mit der Chortribüne und Nordostecke mit
der Sakristei
Il coro, con la cantoria, e l'angolo nord-est,
con la sagrestia

des Gebäudes und bilden gleichsam ihr Echo. Die Einrichtung spielt im Kapelleninnern dieselbe Rolle wie außen: Wir haben es mit Objekten zu tun, die neben ihrem funktionalen Charakter die Komposition ins Gleichgewicht bringen (Altar, Kanzel, Beichtstühle, Weihwasserbecken) sowie den Raum strukturieren (Kommunionbank, Sitzreihen, Kreuz, Kerzenleuchter); andere setzen Farbakzente, die die Leuchtkraft des weißen Putzes noch steigern (Tür, Tabernakel, Kirchenfenster).

Im kompositorischen Rahmen des Innenraumes besteht die Aufgabe dieser Elemente offenbar darin, zusammen mit den tief eingelassenen Mauernischen einen Wechsel zwischen leeren und gefüllten Stellen zu schaffen, die dem Raum seinen Charakter eines «versenkten Hochreliefs» verleihen. So handelt es sich bei dem aus Rohbeton gefertigten Kanzelwürfel, dem Steinkubus des Hauptaltars mit den drei parallelen Seitenpaaren, dem Balkon der Chortribüne, den vertikalen Blöcken der Weihwassergefäße und dem Rechteck des Beichtstuhls (ebenfalls aus Beton) allesamt um statische und feste Elemente, die mit der Dynamik der geschwungenen Linien von Decke und Außenmauern in Widerstreit treten. All diese Elemente verkörpern strenge und nüchterne geometrische Formen, und ihre rechtwinkligen Flächen stellen das Gleichgewicht in einer Komposition aus Kurven und Schrägen sicher. Ebenso wie außen führen sie auch innen die Vertikale, die Horizontale und den rechten Winkel ein. Die Bankreihen aus afrikanischem Iroko-Holz oder die gußeiserne Kommunionbank, deren gekurvtes Profil derselben plastischen Sprache entstammt, ziehen horizontale Linien in den Raum des Kirchenschiffs. Damit erzeugen sie Stabilität und setzen dunkle grafische Zeichen, die sich lebhaft von den weiß verputzten Wänden abheben.

La porta d'ingresso, a sud

L'accesso principale alla cappella si trova a sud attraverso una porta rotante le cui due facce quadrate in lamiera smaltata sono ricoperte da una composizione vivamente colorata. Quando la porta ruota sul suo asse ad un angolo massimo (di 90°), apre il santuario su di una vasta prospettiva, verso le colline circostanti. Essa crea uno spazio–vestibolo e segna un passaggio tra il mondo profano e lo spazio sacro. I segni dipinti con lo smalto, sulle due pareti della porta, sono molto strettamente legati alla simbologia della cappella. Questi segni, semplici, evocano, come le forme dell'edificio, un dialogo con il paesaggio. Sono immagini prese in prestito dal mondo della natura e dal cosmo: meandri di un fiume, montagne, nuvole, stelle…immagini che si ritrovano, alcune, sulle vetrate o sul tabernacolo. Sul pannello esterno, al centro della composizione sono raffigurate due mani, una per accogliere, l'altra per dare. Sopra, una finestra, sormontata da un nembo rosso, blu e bianco; da una parte e dall'altra di questi elementi centrali, una piramide e una stella a cinque punte; in basso alla composizione, un meandro di fiume a linea bianca serpeggiante su sfondo nero. Questi segni diversi sono collegati gli uni agli altri da una geometria segreta e qualche linea, in fondo, compone il tracciato che regola l'insieme.

Anche all'interno sono dipinte due mani, giunte per la preghiera e per l'offerta. I motivi sono organizzati allo stesso modo, secondo un tracciato regolatore e sono presi dallo stesso repertorio di quelli della faccia esterna: nuvole, sole, qualche monte che ricorda il profilo di un paesaggio indiano (una parte dei disegni preparatori per questa porta infatti è stata realizzata a Chandigarh, dove l'architetto si reca durante lo stesso periodo). Questi

Innerhalb dieser Komposition, deren Gleichgewicht bis zum Zerreißen gespannt ist, spielt Le Corbusier bis zum Äußersten mit den Proportionen, ganz darauf bedacht, einen Ort zu schaffen, der zugleich die Dynamik des Gebets als auch die Stille der Meditation symbolisiert. «Harmonie erreicht nur, was unendlich exakt, richtig und im Gleichklang ist; nur was letztlich – selbst wenn niemand Kenntnis davon hat – den Kern der Empfindsamkeit verzaubert; nur was die Schärfe des Gefühls noch zuspitzt», hat er erklärt. (9) Wie schon die Dimensionen der Kapelle selbst richten sich auch jene sämtlicher Elemente der liturgischen Einrichtungsgegenstände nach dem Modulor – ein Mittel zur Kontrolle und zur Berechnung der Proportionen zwischen dem einzelnen Element und dem Ganzen. In den Texten, die Le Corbusier für Ronchamp verfaßte, hat er angemerkt: «Das Lyrische, das poetische Phänomen wird durch die uneigennützige Intervention ausgelöst, durch stimmige Verhältnisse, stützen sich doch alle Dinge auf die unfehlbare Mathematik von Kombinationen.» (10) So harmoniert jeder einzelne Einrichtungsgegenstand mit dem Ganzen und trägt zu dem bei, was Le Corbusier als «symphonisches Spiel» der Architektur bezeichnet hat – ein Spiel, in das zusätzlich und punktuell die Farbe eingreift.

Das Hauptportal im Süden

Der Haupteingang zur Kapelle befindet sich im Süden: ein quadratisches Tor, das auf beiden Seiten mit lebhaft gefärbtem emailliertem Stahlblech überzogen ist. Wird es auf den maximalen Winkel (90 Grad) aufgeschwenkt, eröffnet sich der Kapelle eine weite Perspektive auf die umliegende Hügellandschaft. Das Portal selbst bildet eine Art Vorhalle und kennzeichnet den Übergang zwischen der weltlichen Umgebung und dem geweih-

segni, generati dal suo linguaggio poetico e plastico, sono dipinti a smalto da Le Corbusier stesso, con colori vivi attinti dalla sua tavolozza degli anni cinquanta, basata sui colori primari e i loro complementari. Questi sono gli unici tocchi di colore – oltre ad alcuni motivi, dello stesso repertorio, dipinti a smalto sul tabernacolo – che fanno vibrare il bianco di calce dei muri.

Le vetrate

Nelle aperture che illuminano il coro nel lato nord e in quelle del lato sud, poste in fondo a larghe strombature o a filo di parete, Le Corbusier decide di mettere delle vetrate, vetri bianchi o colorati, o ancora, vetri dipinti con motivi semplici in cui si inscrivono di tanto in tanto delle parole di lode alla Vergine. Questa scelta di utilizzare dei vetri bianchi e di non distribuire che in due punti ben precisi qualche tocco di colore, corrisponde alla volontà di controllare il più strettamente possibile l'intensità della luce, fondamentale nella definizione dei volumi all'interno. I colori utilizzati sono gli stessi di quelli della porta: blu, rosso, giallo, verde, viola. Sulle vetrate di questo muro sud, i motivi dipinti dall'artista si ispirano al paesaggio circostante: uccelli, farfalle, fiori, foglia, o ancora sole, stelle, luna, nuvole. Le vetrate trasparenti lasciano scorgere l'esterno e così le nuvole, il cielo, l'erba, gli alberi si mescolano a questi motivi raffigurati sulle vetrate. La luna che Le Corbusier dipinge su una delle vetrate è quella trovata e disegnata a Chandigarh, «luna d'oriente, luna dal volto umano, verificata tre volte in tre anni»; ancora una volta c'è una corrispondenza segreta tra questi due punti estremi del globo, la collina del Giura e la pianura indiana dove l'architetto opera durante lo stesso periodo.

ten Raum. Die auf beiden Seiten der Emaillierung aufgemalten Zeichen stehen mit der Symbolik der Kapelle in engster Verbindung. Die einfachen Zeichen nehmen ebenso wie die Gebäudeformen den Dialog mit der Landschaft auf. Es handelt sich um Bilder nach Vorlagen aus der Natur und dem Kosmos: Flußschleifen, Berge, Wolken, Sterne … Bilder, von denen sich einige auch auf den Fenstern oder auf dem Tabernakel finden. Im Mittelpunkt der Komposition zeigt die äußere Tafel zwei Hände: die eine empfängt, die andere gibt. Darüber befindet sich ein Fenster, über dem eine Wolkengebilde in Rot, Blau und Weiß schwebt. Zu beiden Seiten dieser zentralen Elemente sind eine Pyramide und ein fünfzackiger Stern zu sehen. Ganz unten eine Flußwindung – als weiße Schlangenlinie auf schwarzem Grund. Die vielartigen Zeichen stehen durch eine verborgene Geometrie miteinander in Verbindung, und ein paar Linien im Hintergrund bilden das gemeinsame Regelwerk.

Auch auf der Innenseite des Portals sind zwei Hände abgebildet: zum Gebet und zum Opfer bereit gefaltet. Auch diese Motive folgen, in der gleichen Art angeordnet, einem Regelwerk, und sie stammen aus demselben Fundus wie jene auf der Außenseite: Wolken, Sonne, ein paar Berge und Hügel, die an eine indische Landschaft erinnern (tatsächlich entstand ein Teil der ersten Entwürfe für diese Tür in Chandigarh, wo Le Corbusier sich in dieser Zeit ebenfalls aufhielt). Die Zeichen sind aus Le Corbusiers poetischer und plastischer Sprache hervorgegangen, und er hat sie selbst in Email ausgeführt. Dabei griff er nach den lebhaften Farben aus seiner Palette der fünfziger Jahre, die auf Primär- und Komplementärfarben beruhte. Dies sind indes – zusammen mit ein paar Emailmotiven aus demselben Repertoire auf dem Tabernakel – die einzigen Farbakzente, die das Weiß der mit Kalk verputzten Wände zum Vibrieren bringen.

Ausschnitt aus der Südmauer
Dettaglio del muro sud

Die Kirchenfenster

Le Corbusier entschied sich, für die Maueröffnungen, durch die der Chor von der Nord- und der Südseite her beleuchtet wird, farbloses oder buntes Glas einzusetzen sowie einige Scheiben mit einfachen Motiven oder hin und wieder ein paar Worten aus dem Ave Maria zu versehen. Die Kirchenfenster sind entweder ganz hinten in großen Ausschrägungen oder fast direkt auf der Mauerfläche angebracht. Die Wahl, grundsätzlich farbloses Glas zu verwenden und nur an besonders ausgewählten Stellen ein paar Farbakzente zu setzen, entsprang seinem Bestreben, die Lichtintensität, die für die Definition der Volumen im Innern von grundlegender Bedeutung ist, so genau wie möglich zu steuern. Die Farben entsprechen jenen auf der Tür: Blau, Rot, Gelb, Grün und Violett. Die Fenstermotive der Südmauer sind von der ländlichen Umgebung inspiriert: Vögel, Schmetterling, Blumen, Blatt, aber auch Sonne, Sterne, Mond und Wolken. Die transparenten Kirchenfenster geben den Blick nach draußen frei, und so vermischen sich Wolken, Himmel, Gras und Bäume mit diesen figurativen Fenstermotiven. Den Mond, den Le Corbusier auf eines der Fenster gemalt hat, hat er in Chandigarh gefunden und gezeichnet, «ein Mond des Orients, Mond mit Menschengesicht, drei Mal in drei Jahren gesehen». Auch hier eine verborgene Verbindung zwischen diesen beiden so weit voneinander entfernten Punkten auf der Erdkugel – der jurassischen Hügellandschaft und der indischen Ebene, wo Le Corbusier während derselben Periode tätig war.

Geschichte und Werdegang

Storia e genesi del progetto

Hintergrund des Auftrags

Als nach dem Zweiten Weltkrieg entschieden wurde, in Ronchamp eine neue Kapelle zu bauen, war die sakrale Kunst in Frankreich kräftig am Wiederaufblühen. Die Intensität dieser Strömung erklärt sich in erster Linie durch die Notwendigkeit, den umfassenden Wiederaufbau- und Urbanisierungsprogrammen nachzukommen, welche die Restaurierung von rund viertausend Kirchen sowie den Neubau sakraler Bauten vorsahen, um den religiösen Bedürfnissen der neu urbanisierten Zonen Rechnung tragen zu können. Darüber hinaus wurde dieses neuerliche Aufblühen auch durch das Engagement verschiedener Geistlicher wie der Patres Couturier, Régamey, Cocagnac und Ledeur vorangetrieben, die neuen Schwung in die Zeitschriften für sakrale Kunst brachten und innerhalb der Kommissionen für sakrale Kunst, in denen die entsprechenden architektonischen und künstlerischen Projekte vorgestellt wurden, für die moderne Kunst eintraten. Diese Erneuerer verstanden das religiöse Gebäude als Experimentierfeld für Architektur und Plastik und beabsichtigten deshalb, die herausragendsten zeitgenössischen Kunstschaffenden für die Realisierung solcher Vorhaben zu gewinnen. Vor diesem Hintergrund also ist die Entscheidung zu sehen, in Ronchamp eine neue Kapelle zu errichten. Auf der Anhöhe stand schon früher eine Kapelle. Sie wurde im Herbst 1944 während eines Bombenangriffs der deutschen Wehrmacht auf französische Truppen beschädigt, die sich auf dem Hügel Bourlémont verschanzt hatten. Die damalige Kapelle stand ihrerseits auf den Ruinen einer Kirche aus dem 19. Jahrhundert, die 1913 vom Blitz getroffen und ein Raub der Flammen wurde.

Le circostanze dell'incarico

All'epoca in cui viene decisa la costruzione di una nuova cappella a Ronchamp, l'indomani della seconda guerra mondiale, una potente corrente di rinnovamento anima l'arte sacra in Francia. La forza di questa corrente si spiega in primo luogo con la necessità di rispondere ai vasti programmi di ricostruzione e di urbanizzazione nei quali è previsto il restauro di circa quattromila chiese e la costruzione di edifici religiosi che rispondano ai bisogni di culto delle nuove zone urbanizzate. Inoltre, questo rinnovamento è accelerato dall'impegno di alcuni ecclesiastici come i padri Couturier, Régamey, Cocagnac e Ledeur che animano alcune riviste di arte sacra e prendono posizione a favore dell'arte moderna, in seno alle commissioni di arte sacra, davanti alle quali vengono presentati i progetti di architettura e di arte religiosa. Questi rinnovatori concepiscono l'edificio religioso come un campo di esperienze architettoniche e plastiche e intendono per questo fare appello ai migliori artisti contemporanei.

La decisione di costruire una nuova cappella a Ronchamp si inscrive in questo contesto e nei programmi di ricostruzione istituiti dopo la seconda guerra mondiale. L'edificio precedente aveva subito i bombardamenti dell'esercito tedesco che attaccava le truppe francesi trincerate sulla collina di Bourlémont, nell'autunno 1944. Questo edificio era stato esso stesso costruito sulle rovine della chiesa del XIX° secolo distrutta nel 1913 da un incidente dovuto ad un fulmine.

Der Auftrag

Das Geld für den Wiederaufbau der Kapelle stellte die eigens zu diesem Zweck gegründete Immobiliengesellschaft Notre-Dame-du-Haut zur Verfügung, die sich aus den Mitgliedern der Kirchgemeinde von Ronchamp zusammensetzte. Es war zunächst vorgesehen, das alte Gebäude zu restaurieren, aber angesichts der Kosten eines solchen Vorhabens gab man der Entscheidung für den Bau einer neuen Kapelle den Vorzug.

Auf die Anfrage, wen er mit diesem Projekt betrauen würde, schlug Domherr Ledeur, Sekretär der Kommission für sakrale Kunst von Besançon, ohne Zögern Le Corbusier vor. Doch Le Corbusier lehnte zunächst ab. Er hatte sich bereits bei einem Projekt in La Sainte-Baume die Finger verbrannt: Dort war er auf den Widerstand der Kirchenratsmitglieder gestoßen, die seinem Projekt für eine unterirdische Basilika nicht viel abgewinnen konnten. Auf einiges Drängen hin erklärte er sich schließlich bereit, die Argumente der beiden Vertreter der Kommission für sakrale Kunst, die mit ihm in Kontakt standen, zumindest anzuhören. Es handelte sich dabei um Ledeur selbst sowie um den aus der Gegend stammenden damaligen Inspektor der Denkmalpflege, François Mathey. Ledeur verwies auf die lange Wallfahrtstradition der Stätte und auf die Verbundenheit der Gemeindemitglieder mit dem Ort und versuchte auf diese Weise, Le Corbusier davon zu überzeugen, daß es nicht darum gehe, für eine «tote Institution» zu bauen – wie Le Corbusier annahm –, sondern im Gegenteil für einen sehr lebendigen, tradierten Brauch. Er plädierte mit den folgenden Worten: «Wir können Ihnen nicht viel bieten, aber dies können wir Ihnen bieten: eine wunderbare Landschaft und die Möglichkeit konsequenter Umsetzung. Ich weiß nicht, ob Sie

L'incarico

Il progetto di ricostruzione della cappella è commissionato dalla società immobiliare di Notre-Dame-du-Haut, creata per l'occasione e formata dai parrocchiani di Ronchamp. Il committente all'inizio progetta di restaurare il vecchio edificio, poi, di fronte al costo dell'operazione, decide per la costruzione di un nuovo edificio.

Consultato su chi convenga richiedere come progettista e direttore di lavori, il canonico Ledeur, segretario della commissione di arte sacra di Besançon, propone subito il nome di Le Corbusier. All'inizio, questi rifiuta, scottato dall'avventura di Sainte-Baume dove si era scontrato con le opposizioni delle autorità ecclesiastiche, poco favorevoli al progetto di basilica sotterranea che aveva proposto sul luogo. Su loro insistenza, Le Corbusier accetta di ascoltare le argomentazioni dei due rappresentanti della commissione d'arte sacra che sono in contatto con lui, il canonico Ledeur e François Mathey, allora ispettore dei Beni Culturali e originario della regione. Il canonico evoca la lunga tradizione di pellegrinaggio legata al luogo, l'attaccamento dei parrocchiani al posto e tenta di convincere l'architetto che si tratta di costruire non per una «istituzione morta» come pensava Le Corbusier, ma per una tradizione ben viva. Ledeur perora in questi termini: «non abbiamo molto da offrirvi, ma possiamo offrirvi questo: un magnifico paesaggio, e la possibilità di andare fino in fondo. Non so se dovete fare delle chiese, ma se dovete farne una, queste sono le condizioni, che fanno pensare che la causa non è persa in partenza e che verrà favorita una totale libertà di creazione» (1).
Questa assicurazione di una reale libertà di creazione certo trova d'accordo l'architetto; anche il programma lo seduce:

Kirchen bauen wollen, aber wenn Sie eine bauen wollen, dann erlauben die Gegebenheiten hier die Annahme, daß die Sache nicht von vornherein verloren ist und daß uneingeschränkte schöpferische Freiheit zum Zuge kommen wird.» (1)

Die Zusicherung schöpferischer Freiheit kam Le Corbusier besonders entgegen; auch das Programm reizte ihn. «Eine Wallfahrtskapelle? Das interessiert mich, das ist eine Rechenaufgabe mit Volumen und Mengen!», erklärte er (2). «Eine Rechenaufgabe mit Volumen und Mengen» deshalb, weil es galt, eine Kapelle zu bauen, die einerseits nur rund zweihundert Gläubigen Platz bot, und die sich andererseits zweimal im Jahr – an den Marienfesten am 15. August und am 8. September – in eine Wallfahrtsstätte zu verwandeln hatte, wo mehrere Tausend Menschen gemeinsam die Messe feiern konnten. Zudem erinnerte sich Le Corbusier noch gut genug der Erfahrung, die er in La Sainte-Baume gemacht hatte: Auch in Ronchamp ging es um eine Architektur im Dienste eines bestimmten Ortes, darum, eine Wallfahrtsstätte zu gestalten und für eine Gemeinschaft zu bauen.

Letztlich überzeugte Le Corbusier indes zweifellos die Landschaft selbst, als er zu Fuß auf den Bourlémont stieg und sich von Angesicht zu Angesicht den «vier Horizonten» gegenübersah: Horizonte, die er schon in die ersten Entwürfen vom Grundriß der Kapelle integrierte. «Er war sichtlich von der Landschaft eingenommen, von diesem Kontrast – den er übrigens in seiner Architektur zum Ausdruck bringt – zwischen den Hängen der Vogesen und der weiten Offenheit über den Jura und das Flachland der Saône, bis hin zur Ebene von Langres; ich hatte den Eindruck, daß er auf der Stelle gefesselt war», berichtete Ledeur, der Le Corbusier auf seinem ersten Besuch begleitet hatte. (3)

«una cappella di pellegrinaggio? questo mi interessa, è un problema di rubinetti!» (2) dichiara. «Problema di rubinetti» poiché si tratta di costruire una cappella destinata a circa duecento fedeli e che può trasformarsi due volte all'anno, nei giorni di festa mariana (15 agosto e 8 settembre), in un luogo di accoglienza che permette la celebrazione della funzione davanti a molte migliaia di pellegrini. D'altro canto, l'architetto si ricorda l'esperienza di Sainte-Baume: a Ronchamp, come a Sainte-Baume, si tratta di ideare un'architettura in funzione di un luogo, di sistemare una meta di pellegrinaggio, di costruire per una collettività.

Quello che convince definitivamente l'architetto è senza alcun dubbio il contatto con il paesaggio quando sale, a piedi, sulla collina di Bourlémont e si ritrova di fronte ai «quattro orizzonti», orizzonti che integra subito nel primo schizzo che fa abbozzando la pianta della cappella: «Era stato visibilmente conquistato dal posto, da questo contrasto, espresso per altro dalla sua architettura, tra la scarpata dei Vosgi e la grande apertura sul Giura, sulla piana della Saône, fino al pianoro di Langres; ho avuto l'impressione che il posto l'avesse catturato immediatamente» riporta il canonico Ledeur che lo accompagna durante la sua prima visita del luogo (3).

La nascita del progetto

Le Corbusier si reca per la prima volta sulla collina il 4 giugno 1950. Rimane molte ore sul posto, contempla a lungo il paesaggio, fa qualche schizzo su uno dei suoi famosi taccuini che non lo abbandonano mai. Si informa sul programma, accenna alle questioni finanziarie. Il pro-

Skizzen des Hügels und der alten Kapelle, vom Zug zwischen Paris und Basel aus (Carnet D17)

Schizzi della collina e della vecchia cappella, fatti sul treno Parigi-Basilea (Carnet D17)

Die Geburt des Projekts

Le Corbusier besichtigte den Hügel erstmals am 4. Juni 1950. Er verweilte mehrere Stunden, betrachtete lange die Landschaft und trug ein paar Skizzen in eines seiner berühmten Hefte ein, die er immer mitführte. Er erkundigte sich nach dem Programm und sprach auch finanzielle Fragen an. Das Programm war einfach: Der Bau sollte neben dem Hauptschiff noch drei kleinere Kapellen umfassen, in denen es möglich war, unabhängig von der Meßfeier am Hauptaltar Gottesdienste abzuhalten. Des weiteren war für Feierlichkeiten unter freiem Himmel anläßlich von Wallfahrten ein Außenchor eingeplant. Da die Kapelle der Muttergottes geweiht war, bestand der Wunsch, eine mehrfarbige Holzplastik aus dem 17. Jahrhundert zu integrieren, die Maria mit dem Kind darstellt und bereits in der alten Kirche gestanden hatte. Sodann war Le Corbusier angehalten, im Obergeschoß eine Sakristei und ein kleines Büro einzurichten, und schließlich wies man ihn darauf hin, daß Wasser auf dem Hügel knapp und es daher notwendig sei, das Regenwasser auffangen zu können.

Erste Entwürfe: der Grundentscheid

Le Corbusier selbst umschrieb den Bau später mit den folgenden Worten: «Ronchamp? Verbindung mit dem Gelände, Einordnung in einen Ort, Beredtheit des Ortes, Wort, das sich an den Ort richtet.» (4) Die ersten Lageplanskizzen entstanden auf einer Zugreise von Paris nach Basel und datieren vom 20. Mai 1950. Mit ein paar wenigen Strichen hat Le Corbusier darin den Hügel und die Überreste der halb zerstörten alten Kapelle umrissen, die von unten noch erkennbar waren. Auf dem Hügel hielt er, noch bevor er den ersten Grundriß skizzierte, die

gramma è semplice: l'edificio deve essere composto, oltre che dalla navata principale, da tre piccole cappelle che permettono la celebrazione di una funzione indipendentemente dalla messa collettiva e un coro esterno destinato alle cerimonie all'aperto, nei giorni di pellegrinaggio. Poiché la cappella è dedicata alla Vergine, si vorrebbe vedere integrata una scultura del XVII° sec., in legno policromo, che raffigura una Vergine con Bambino, e che era nel vecchio edificio. Si chiede all'architetto di includere un elemento di sagrestia e un piccolo ufficio al primo piano e gli si precisa infine quant'è prezioso poter raccogliere l'acqua, che è rara sulla collina.

Primi schizzi: l'idea generale

L'architetto stesso definirà più tardi l'edificio in questi termini: «Ronchamp? contatto con un sito, collocazione in un luogo, eloquenza del luogo, parola rivolta al luogo» (4). I primi schizzi del luogo sono presi dal treno Parigi-Basilea e datati dal 20 maggio 1950. La massa della collina è schizzata con poche linee così come i resti dell'antica cappella in parte demolita, ma ancora visibile dalla pianura. Sulla collina, prima ancora dello schizzo della pianta, egli traccia nel suo taccuino le linee generali del paesaggio circostante: «... sulla collina, avevo disegnato con cura i quattro orizzonti; questi disegni sono smarriti o persi; sono loro che hanno fatto scattare architettonicamente la risposta acustica – acustica nel campo delle forme» (5). Così, in funzione del luogo e del programma «l'idea nasce, naviga, divaga, si cerca» (6). Egli tratteggia quello che sarà la sua «risposta agli orizzonti» e questa prima risposta si inscrive nelle poche linee che danno la pianta. Il canonico Ledeur, presente al suo fianco sul posto, testimonia:

Grundzüge der landschaftlichen Umgebung fest: «… auf dem Hügel habe ich mit Bedacht die vier Horizonte gezeichnet. Diese Zeichnungen sind abhanden gekommen oder verloren gegangen; sie aber haben, in architektonischer Hinsicht, die akustische Erwiderung geliefert – akustisch im Reich der Formen.» (5) So wurde die Idee im Dienste des Geländes und des Programms «geboren, [sie] segelt, schweift umher, sucht sich selbst». (6)

Le Corbusier warf seine «Antwort auf die Horizonte» aufs Papier, und diese erste Antwort floß in ein paar Striche ein, die den Grundriß bestimmten. Ledeur, der damals neben ihm stand, bezeugte: «Da fand ich plötzlich seine erste, unmittelbare Reaktion auf den Ort wieder: den ersten Bleistiftstrich, den er zeichnete, die Südmauer, die so verläuft *(zeichnet mit der Hand eine Kurve)*. Dann galt es, die Wallfahrer vor die Mauer umzuleiten, wo er den Altar hinstellte und deren Biegung jener der Südmauer entsprach: das ist die Ostmauer; und hinterher brauchte er bloß noch diese beiden Kurven zusammenzuführen!» (7) «Erwiderung», «unmittelbare Reaktion auf den Ort»: dies sind gute Umschreibungen für den Augenblick der Inspiration, in dem Le Corbusier zum Grundriß des Gebäudes fand. Zwar ist dieser Entwurf – wie sich Le Corbusier ja selbst erinnerte – abhanden gekommen, aber es existiert noch eine Studie auf Pauspapier, die im Büro entstanden ist und das Datum vom 6. Juni 1950 trägt. (8) Es handelt sich dabei um eine getreue Übertragung der Ursprungsidee: zwei gekrümmte Linien, die sich öffnen – die eine gegen Süden, die andere gegen Osten, das heißt, in Richtung auf eine weite Landschaft –, dazu zwei Geraden, die in einem stumpfen Winkel aufeinandertreffen und den durch die beiden gekrümmten Linien begrenzten Raum schließen: die Nord- und die Westseite, derart in den Grundriß eingeschrieben,

«ritrovo di colpo la sua reazione immediata al luogo: il primo tratto di matita che ha disegnato, il muro sud che fa così! (tracciando con un gesto una linea curva). Bisogna poi raggruppare i pellegrini davanti al muro, dove pone l'altare, la cui curvatura risponde a quella del muro sud: è il muro est; poi, non restava che unire le due curve!» (7). «Risposta», «reazione immediata al luogo», questi termini esprimono bene questo momento di ispirazione in cui l'architetto trova l'idea per l'edificio. Se questo schizzo è smarrito, come ricorda d'altronde Le Corbusier, esiste uno schizzo su carta da lucido, fatto in studio e datato 6 giugno 1950, che è una trascrizione fedele di questa prima idea (8): due linee curve si aprono, una verso sud, l'altra verso est, e cioè verso vasti paesaggi; lo spazio delimitato dalle due linee convesse così formate è richiuso da due linee dritte che si uniscono in un angolo ottuso: questi lati nord e ovest sono iscritti nel progetto in modo tale che la figura sembra voltare la schiena a queste direzioni per aprirsi verso sud e verso est. Sono già abbozzati l'altare interno ed esterno con la delimitazione di un coro esterno; vi è tracciata anche una larga mezzaluna che ingloba tre lati e determina una vasta spianata destinata ad accogliere la folla dei pellegrini.

Al momento di questa prima visita sul posto, di seguito agli schizzi della collina presi dal treno, una pagina di taccuino rappresenta due schizzi rapidamente tratteggiati (9); uno raffigura un alzato della facciata est: qualche tratto indica la massa incurvata del tetto che fa da pensilina sopra al coro esterno; questa copertura si appoggia da un lato ad una sporgenza del muro sud, dall'altro ad un pilastro intorno al quale si arrotola una scala che porta ad un pulpito (questa idea della scala a chiocciola sarà presto

daß die Figur diesen beiden Himmelsrichtungen gleichsam den Rücken zukehrt, um gegen Süden und Osten aufzugehen. Bereits in der Skizze enthalten sind der innere und der äußere Altar mit der Abgrenzung des Außenchors. Ebenfalls umrissen erscheint ein großer Halbmond, der drei Seiten umschließt und eine ausladende Esplanade zur Aufnahme der Pilgermassen kennzeichnet.

Nach den Hügelskizzen, die Le Corbusier im Zug anfertigte, finden sich auf einer Heftseite zwei rasch hingekritzelte Entwürfe, die anläßlich dieses ersten Aufenthaltes auf dem Gelände entstanden sind. (9) Die eine zeigt die Ostfassade im Aufriß: Mit ein paar Strichen ist die geschwungene Dachmasse wiedergegeben, die schützend über den Außenchor vorragt. Diese Bedachung ruht auf der einen Seite auf einem Vorsprung in der Südmauer und auf der andern auf einem Pfeiler, um den sich eine Treppe zur Kanzel hochwindet (die Idee mit der Wendeltreppe wurde allerdings schnell wieder fallengelassen). Ebenfalls, wenn auch sehr schematisch, dargestellt sind der Außenaltar, die Chortribüne und eine kleine Maueröffnung. Alles Wesentliche, das die Ostfassade – dominiert von einem dicken, geschwungenen Dach gleich einem geblähten Segel, das schwer auf der Mauer ruht – prägt, ist in diesen ersten Skizzen bereits vorhanden.

Auf derselben Heftseite finden sich die Kalotten, die die Kapellentürme abschließen, und damit war auch die daraus resultierende Art der Lichtführung vorgegeben. Schon hier sind die Rundungen dieser Kalotten mit ein paar wenigen Strichen festgehalten und die Durchbrüche in der vertikalen Mauer des Turms angedeutet. Le Corbusier hat uns selbst erklärt, woher diese Idee stammt: Als unmittelbare Inspirationsquelle dienten ihm eine Form und ein Prinzip, die viele Jahre zuvor seine Auf-

abbandonata). Sono segnati molto schematicamente l'altare esterno, la cantoria e una piccola apertura. La parte essenziale che caratterizza questa facciata – dominata da una spessa copertura incurvata, una specie di vela gonfia che pesa sul muro – è quindi già presente sin dai primi schizzi.

Su questa stessa pagina è già deciso anche il motivo delle calotte che domina le torri della cappella e del sistema di illuminazione che ne risulta. Sempre qui, con qualche tratto, è data la forma arrotondata di queste calotte, e sono indicate le aperture della parete verticale della torre. Le Corbusier stesso ci informa sull'origine di quest'idea. Qui si ispira direttamente ad una forma e ad un principio notati molto tempo prima, durante gli anni della formazione, in occasione del suo viaggio verso l'Oriente nel 1911 (10). Gli altri schizzi fatti successivamente per le calotte della torre serviranno solo a precisare la forma delle prese di luce o ancora l'articolazione della loro base con il tetto della cappella.

Nel corso di una seconda visita al luogo, il 9 giugno 1950, l'architetto esegue sul suo taccuino una serie di schizzi che contengono l'essenziale del progetto. Più pagine successive fanno vedere l'evoluzione dell'idea originaria e mostrano che la forma generale viene adottata.
Dall'uno all'altro, si precisano sia la pianta dell'edificio che le due facciate principali: a sud, quella che accoglie i pellegrini, a est, quella che li raduna per la funzione all'esterno.

Questi primi schizzi mostrano che, da allora, l'alzato della facciata d'ingresso a sud è deciso e varierà poco fino allo stadio definitivo. Da una parte e dall'altra di questa facciata, qualche linea evoca il paesaggio circostante. L'alzato è formato

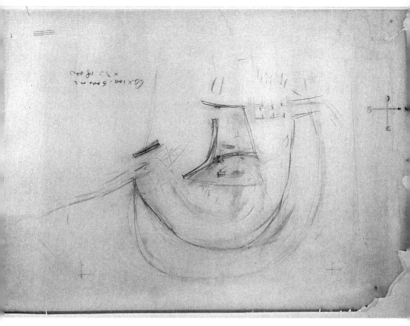

Entwurf für den Grundriß, nach der ersten
Skizze im Atelier erstellt (FLC 7470)

Traccia della pianta, fatta in studio, a partire
dal primo schizzo (FLC 7470)

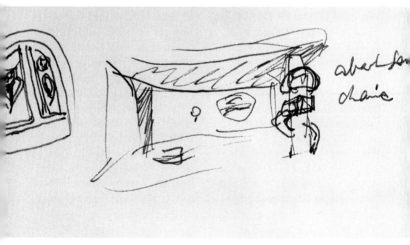

Ansichtsskizze des Außenchors und einer
Turmkalotte (Carnet D17)

Schizzo dell'alzato del coro esterno e della calotta della torre (Carnet D17)

merksamkeit erregt hatten, noch während der Ausbildung, als er 1911 anläßlich einer Studienreise den Orient besuchte. (10) Die übrigen Skizzen, die er später nach und nach von den Turmkalotten noch anfertigte, dienten lediglich der Präzisierung der Art des Lichteinfalls oder der genaueren Festlegung der Verbindung von Basis und Kapellendach.

Im Laufe eines zweiten Besuchs auf dem Gelände am 9. Juni 1950 skizzierte Le Corbusier eine Reihe von Entwürfen in sein Heft, die die Grundzüge des Projekts enthalten. Mehrere einander folgende Seiten illustrieren die Entwicklung der ursprünglichen Idee und belegen, wie die Anlage Gestalt annahm. Von der einen Skizze zur nächsten treten sowohl der Grundriß wie auch die beiden Hauptfassaden immer deutlicher hervor: im Süden jene, die die Wallfahrer empfängt; im Osten jene, die sie zur Messe im Freien versammelt.

Diese ersten Entwürfe zeigen, daß der Aufriß der Südfassade mit dem Hauptportal bereits von diesem Zeitpunkt an feststand und bis zur endgültigen Fassung nur noch geringfügige Änderungen erfuhr. Auf beiden Seiten deuten ein paar Striche die landschaftliche Umgebung an. Zu sehen ist eine gekrümmte Wand, die von unregelmäßigen, wie zufällig verteilten Öffnungen durchbrochen ist. Sie steigt nach Osten hin an und wird von einer vorspringenden Baumasse beherrscht, die ein Vordach bildet. Diese lehnt sich ihrerseits gleichsam gegen einen hohen Turmzylinder, der das Bauwerk insgesamt dominiert. Und schließlich wird der Haupteingang, zurückversetzt in eine Nische zwischen dieser Wand und dem hohen Turm, durch einen Spalt im Mauerwerk angedeutet und entweder durch ein paar Figuren oder einen Weg gekennzeichnet. (11)

da una parete curva, traforata da aperture irregolari, distribuite in modo sparso. E' più alta verso est ed è dominata da una massa prominente che fa da pensilina. Questa copertura sembra appoggiarsi contro un'alta torre cilindrica che domina l'insieme dell'edificio. Infine, l'ingresso, rannicchiato tra il muro e questa torre, è indicato da una fessura nella massa di questo corpo di fabbrica ed è segnalato sia da qualche figura di persona, sia dal tracciato della strada d'accesso (11).

Le tre pagine che seguono mostrano come l'architetto risolve l'incontro delle due facciate sud ed est: prima di tutto con un angolo acuto, poi decidendo di far avanzare solo la parete sud verso est per formare un'alta verticale. Questa soluzione è ricercata in pianta e in alzato e due tappe danno la soluzione. Considerando per esempio il primo dei due alzati, si può immaginare come l'aspetto massiccio prodotto in prospettiva da quest'angolo sud-est non soddisfi l'architetto, che cerca una soluzione più felice, espressa nell'alta verticale del secondo alzato.

Allo stesso modo, in due schizzi successivi (12), la pianta dell'edificio si precisa. Nel primo schizzo, l'architetto ha trovato una soluzione per includere le tre cappelle secondarie previste dal programma: la linea ovest si incurva alle sue estremità per formare due anse, una a sud, l'altra che si ripiega a nord; esse inglobano ciascuna un altare secondario. Allo stesso modo, la facciata nord si arrotola per formare una terza cappella, addossata a quella già abbozzata dallo stesso lato. Il tratto esita, si riprende, tratteggia ancora qualche indicazione, come un ingresso secondario tra le due cappelle a nord. Nello schizzo successivo, l'idea si precisa, e anche il tratto: le tre piccole cappelle

Ansichtsskizzen der Südseite mit dem
Hauptportal (Carnet E18)

Schizzi dell'alzato del lato sud, con l'ingresso
principale (Carnet E18)

Die drei folgenden Seiten zeigen, wie Le Corbusier das Problem des Zusammentreffens von Süd- und Ostfassade gelöst hat: Ganz am Anfang sah er vor, die beiden Mauern in einem spitzen Winkel zusammenlaufen zu lassen, dann aber entschied er sich, nur die Südmauer gegen Osten vorspringen zu lassen und sie sodann in einer hohen Vertikalen abzuschließen. Dieser Idee ging er im Grund- und Aufriß nach, und nach zwei Etappen ergab sich die endgültige Lösung. Beim Anblick des ersten der beiden Entwürfe wird vorstellbar, daß der massive Aspekt, den diese Südostecke in der Perspektive auslöst, Le Corbusier nicht zufriedenstellte und er daher nach einer glücklicheren Lösung suchte, die sich schließlich in Gestalt der hohen Vertikalen auf dem zweiten Entwurf präsentierte.

Auf dieselbe Weise, nämlich in zwei aufeinanderfolgenden Entwürfen, nahm auch der Grundriß der Kapelle seine endgültige Gestalt an. (12) In der ersten Skizze fand Le Corbusier eine Lösung, um die drei im Programm vorgesehenen Nebenkapellen zu integrieren: Die Westmauer schwingt an beiden Enden aus und bildet auf diese Weise zwei Schleifen – die eine im Süden, die andere im Norden. Beide beherbergen einen Nebenaltar. Ebenso rollt sich die Nordfassade ein und formt dadurch die dritte Kapelle, die Rücken an Rücken zur einen der bereits eingezeichneten Kapellen auf derselben Seite zu stehen kommt. Die Strichführung wirkt hier erst zögerlich, wird dann erneut aufgenommen, und schließlich fügte Le Corbusier noch einige Details hinzu, darunter einen Nebeneingang zwischen den beiden Kapellen auf der Nordseite. In der nächsten Skizze nimmt die Idee klarere Formen an, ebenso die Strichführung: nun haben die drei kleineren Kapellen zu ihrer definitiven Ausrichtung und die drei Eingänge ihren Platz gefunden. Die «Glockenform» des Grund-

hanno ciascuna il proprio orientamento definitivo, e i tre ingressi hanno trovato anch'essi il loro posto. La forma generale della pianta «a campana» non cambierà più; anche il principio di asimmetria, che si affermerà nelle tappe successive, è già confermato qui dal posizionamento delle panche in un lato solo della cappella. Infine, qualche linea trattegia ancora le aperture del muro sud; e nel muro est è tracciata l'ubicazione della cantoria, interna ed esterna, e quella di un'apertura dove sarà incastonata la statua della Vergine. Una linea curva delimita il coro esterno ed è indicato il pilastro di sostegno della copertura. Un tratto preciso e lineare rende l'essenziale di questo progetto: l'idea generale è decisa.

Nell'alzato, schizzato sulla stessa pagina di taccuino, la volumetria dell'edificio è, anch'essa, vicina al suo aspetto definitivo: la massa del muro sud, con lo spigolo sud-est a cui si attacca la vela gonfia del tetto, e infine la massa della grande torre sud-ovest. Tutto il progetto è così contenuto in qualche tratto.

Una pianta organica

La pianta è qui la ritrascrizione grafica della prima impressione e dell'idea originaria, nel caso specifico di questo dialogo con un paesaggio, così come spiega l'architetto. Si tratta di dare una «risposta», di «creare l'organo giusto». Il procedimento concettuale non deriva qui da una visione astratta, ma risponde ad una sensazione, ad un'esperienza visiva e sensibile: tradurre nella pianta il contatto con il luogo, il rapporto con i quattro orizzonti. Il legame tra il dentro e il fuori si legge nelle linee tracciate per comporre questa pianta. Ugualmente, tutti i dati del programma vi sono sintetizzati in qualche tratto: «la pianta è l'impronta

Skizze vom Grundriß und von der Ansicht im
Südosten (Carnet E18)
Schizzo della pianta e dell'alzato sud-est
(Carnet E18)

Grundrißskizze (Carnet E18)
Schizzo della pianta (Carnet E18)

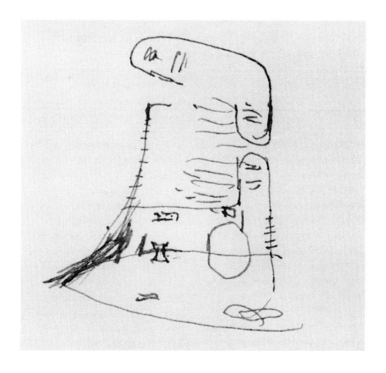

risses wird sich nicht mehr verändern; selbst die Absage an die Symmetrie, die die folgenden Planungsschritte noch bekräftigen, ist hier bereits dadurch angedeutet, daß nur auf einer Seite der Kapelle Sitzbänke vorgesehen sind. Und schließlich hat Le Corbusier mit wenigen Strichen die Öffnungen in der Südmauer eingezeichnet und in der Ostmauer den Standort der inneren und äußeren Chortribüne sowie eine Maueröffnung gekennzeichnet, die das Marienbildnis aufnehmen sollte. Eine gekrümmte Linie grenzt den Außenchor ab, und der Stützpfeiler für das Dach ist ebenfalls bereits vorhanden. Le Corbusier hielt das Wesentliche in diesem Grundriß mit präzisem und linearem Strich fest und machte damit deutlich, daß die Entscheidung über den Grundplan gefallen war.

Aus dem Aufriß auf derselben Heftseite geht hervor, daß der Bau auch volumetrisch seiner endgültigen Gestalt bereits nahe war: die Südmauer mit der Südostkante, das Dach, das sich wie ein geblähtes Segel an sie schmiegt, und der hohe Südwestturm – in ein paar Strichen ist das Gesamtprojekt eingefangen.

Ein organischer Grundriß

Der Grundriß stellt hier die grafische Übertragung des ersten Eindrucks und der ursprünglichen Idee dar, in diesem Fall des Dialogs mit der Landschaft, wie ihn Le Corbusier erläutert hat. Es ging darum, eine «Antwort» zu geben, «das richtige Organ zu schaffen». Der Planungsprozeß entsprang keiner abstrakten Vision, sondern antwortete auf ein Gefühl, auf eine visuelle und fühlbare Erfahrung: die Verbindung mit dem Gelände, die Beziehung zu den vier Horizonten sollten in den Grundriß einfließen. Das Bindeglied zwischen dem Inneren und dem Äußeren läßt sich aus den Linien herauslesen, mit de-

dell'uomo sullo spazio, spiega Le Corbusier. Si percorre la pianta a piedi, con gli occhi che guardano davanti, la percezione è successiva, implica il tempo. E' un susseguirsi di eventi visivi, come una sinfonia è un susseguirsi di eventi sonori; il tempo, la durata, la successione, la continuità sono i fattori che costituiscono l'architettura...» (13). La comprensione di una tale pianta, sottomessa allo spostamento e alla durata, richiede che si entri nel gioco architettonico. Tanto più che questa pianta è concepita in funzione del programma di una cappella di pellegrinaggio; quest'architettura è la cornice di movimenti di folla nel periodo delle feste religiose, è anche il luogo che accoglie quotidianamente visitatori e fedeli. In questo senso, la pianta dipende da un «organismo» come afferma Le Corbusier, da un insieme vivente, legato all'azione; e la sua forma, composta di linee curve e dolci, trova un'eco in quelle dei muri della cappella.

Il progetto preliminare

«Tre tempi per questa avventura:
1. integrarsi con il luogo
2. nascita spontanea, dopo incubazione, della totalità dell'opera, in una volta sola, di colpo
3. la lenta esecuzione dei disegni, del disegno, delle piante e della costruzione stessa» (14).

In studio, Le Corbusier affina il progetto abbozzato sulle pagine di taccuino: «Datemi del carboncino e della carta! si comincia con una risposta al luogo. I muri spessi, un guscio di granchio che fa da curvatura ad una pianta così statica. Porto il guscio di granchio; il guscio verrà posto sui muri stupidamente, ma utilmente spessi; a sud si farà entrare la luce. Non ci saranno finestre, la luce

Ansichtsskizze, Südosten (Carnet E18)
Schizzo dell'alzato sud-est (Carnet E18)

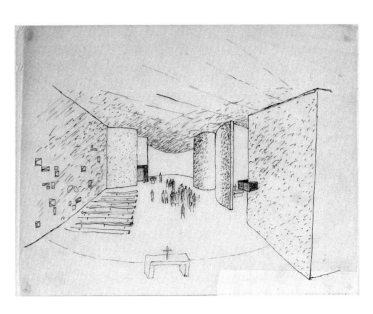

Innenansicht, vom Chor im Osten
(1. Projektphase. Zeichnung von Maisonnier)

Alzato interno, dal coro a est (prima fase del
progetto. Disegno di Maisonnier)

nen Le Corbusier diesen Grundriß erstellt hat. Ebenso sind darin alle gegebenen Größen des Programms in wenigen Strichen zusammengefaßt: «Der Grundriß ist der Einfluß des Menschen auf den Raum», erklärte Le Corbusier. «Man schreitet den Grundriß zu Fuß ab, die Augen schauen nach vorne, die Wahrnehmung erfolgt Schritt für Schritt, sie erfordert Zeit. Sie ist eine Abfolge visueller Ereignisse, ebenso wie eine Symphonie eine Abfolge klanglicher Ereignisse ist. Zeit, Dauer, Abfolge und Kontinuität sind feste Bestandteile der Architektur ...» (13) Um einen solchen Grundriß, der der Bewegung und dem Ablauf der Zeit unterworfen ist, zu verstehen, muß man sich auf das architektonische Spiel einlassen. Dies um so mehr, als hier ein Plan vorliegt, der in Übereinstimmung mit einem Programm für eine Wallfahrtskapelle entworfen wurde. Die Architektur bildet den Rahmen für die Bewegungen einer Menschenmasse an religiösen Feiertagen und ist zugleich ein Ort, der Tag für Tag Besucher und Gläubige empfängt. In diesem Sinne unterlag der Grundriß einem «Organismus», wie Le Corbusier bekräftigt hat, einem lebendigen, dem Handeln verbundenen Ganzen; und seine gekrümmten und biegsamen Linien haben denn auch ihr Echo in der Linienführung der Kapellenmauern gefunden.

Das Vorprojekt

«Drei Phasen des Unternehmens:
1. Sich in das Gelände einfügen.
2. Spontangeburt des Gesamtwerks, nach Inkubation, aufs Mal, auf einen Schlag.
3. Die allmähliche Ausführung der Zeichnungen, des Vorhabens, der Pläne und der Konstruktion an sich.» (14)

Im Atelier führte Le Corbusier das Projekt, das er in seinem Heft skizziert hatte, weiter aus: «Gebt mir Zeichenkohle und Pa-

entrerà ovunque come una colata» (15). Gli studi fatti a tavolino non fanno che mettere in opera e precisare i dettagli del progetto elaborato negli schizzi su taccuino.

Così, la pianta, concepita come «una risposta al luogo», è una pianta irregolare, asimmetrica, che sfugge alle leggi della geometria. Come ricoprire dei muri che si articolano su di una tale pianta? L'architetto ha l'idea di utilizzare questo famoso guscio di granchio di cui parla quando evoca le fonti di ispirazione del progetto: un guscio, raccolto sulla spiaggia di Long Island durante un soggiorno a New York, e che fa parte dei suoi «oggetti a reazione poetica», fonti di un repertorio formale che metterà a frutto dalla fine degli anni venti nella sua ricerca plastica e pittorica. Così, ad una pianta organica si allaccia una forma anch'essa organica. Per collegare al suolo questa particolare copertura e per rispondere all'effetto di pesantezza che può produrre visivamente, egli immagina di dare al supporto l'aspetto di un contrafforte, da cui il carattere massiccio del muro sud, inclinato. La copertura differenzia i lati due a due: la massa del tetto, determinante nella composizione delle facciate sud e est, non è visibile dal lato nord e ovest; questa particolarità stabilisce subito un contrasto primario nella forma generale della cappella.

I disegni degli alzati delle piante, delle sezioni e anche un modellino in gesso, realizzati nello studio di rue de Sèvres dai collaboratori di Le Corbusier, in particolare Maisonnier, sono presentati nel novembre 1950 all'arcivescovo di Besançon, venuto per conoscere il progetto. Questo progetto preliminare è in seguito sottoposto alla commissione d'arte sacra, alla fine del gennaio 1951. I disegni e il modellino in gesso – che la commissione

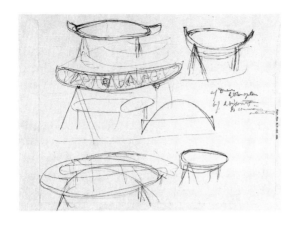

Entwurf für die Dachform nach dem Krabbenpanzer (FLC 32129)

Schizzo di studio della forma del tetto, a partire da quello del guscio di granchio (FLC 32129)

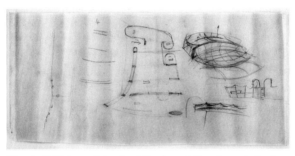

Skizze der Verbindung zwischen Grundriß und Dachschale (FLC 7293)

Schizzo che mostra il collegamento tra la pianta e il guscio del tetto (FLC 7293)

Studienskizze der Südostecke und des Dachprofils im Osten (endgültige Projektphase) (Carnet H32)

Schizzo di ricerca per l'angolo sud-est e il profilo della copertura a est (fase definitiva del progetto) (Carnet H32)

pier! Es fängt mit einer Antwort auf das Gelände an. Die dicken Mauern, ein Krabbenpanzer, um diesen so statischen Plan zu biegen. Ich liefere den Krabbenpanzer; man legt den Panzer auf die unsinnig dicken, aber nützlichen Mauern; im Süden läßt man das Licht eintreten. Fenster wird es keine geben; das Licht wird überall eindringen.» (15) In den Studien, die Le Corbusier in seinem Atelier anfertigte, tat er nichts anderes, als den einzelnen Motiven des Projekts, die er bereits in den Heftentwürfen ausgearbeitet hatte, ihren Platz zuzuweisen und sie genauer festzulegen.

So ist als «Antwort auf das Gelände» ein unregelmäßiger und unsymmetrischer Grundriß entstanden, der sich den Gesetzen der Geometrie entzieht. Wie aber sollten Mauern, die sich aus einem solchen Grundriß ergeben, überdacht werden? Le Corbusier kam auf die Idee, jenen berühmten Krabbenpanzer zu verwenden, den er im Zusammenhang mit den Inspirationsquellen für dieses Projekt erwähnt hatte: ein Panzer, den er während eines New Yorker Aufenthalts am Strand von Long Island aufgelesen hatte, eines seiner «Objekte für poetische Reaktion». Diese Sammlung diente ihm als Quell für ein formales Repertoire, auf das er seit Ende der zwanziger Jahre in seinen plastischen und malerischen Bestrebungen zurückgriff. Damit schließt sich dem organischen Grundriß eine ebenso organische Form an. Um diese besondere Überdachung mit dem Boden zu verbinden und um ihrer möglicherweise schwerfälligen Wirkung entgegenzutreten, wollte Le Corbusier dem Träger den Anschein einer Verstrebung geben – daher der massive Charakter der geneigten Südmauer. Das Dach teilt die vier Gebäudeseiten in zwei Paare: der vorspringende Wulst, der die Fassaden im Süden und Osten bestimmt, ist von Norden und Westen her gar nicht

non manca di qualificare «esotico» – mostrano che la parete del muro sud è traforata con aperture sparse e fantasiose, «gettate come una manciata di sabbia». Seguirà una composizione più rigorosa. Inoltre, sul lato est, la copertura del tetto poggia su di un pilastro di sezione ovale. Poiché questo aspetto da «picchetto di tenda» non soddisfa l'architetto, nel progetto definitivo egli trarrà vantaggio da questo pilastro di sostegno indispensabile ricoprendolo di un rivestimento di larga sezione che accentua il gioco plastico della facciata. Da questo stesso lato è previsto un largo spiazzo in calcestruzzo a forma di mezzaluna per delimitare il luogo di culto esterno e ricevere i fedeli creando una specie di anfiteatro centrato sull'altare. Per ragioni finanziarie e per conservare un contatto diretto con la natura, questa pavimentazione non sarà costruita. Verrà immaginato uno spiazzo naturale, sfruttando il rilievo del terreno: ne sottolineano le estremità a nord-est, una piramide di pietre – realizzata con le pietre di recupero del vecchio edificio – e a sud-est, il rifugio dei pellegrini. E' prevista la collocazione di un campanile sul lato nord, sull'asse della porta secondaria; costituito da un'armatura metallica a forma di parallelepipedo, doveva servire da supporto alle campane recuperate dalla vecchia cappella, ma non verrà eseguito, per mancanza di mezzi finanziari. Alla fine, le tre campane saranno sospese ad un puntone, posto a ovest, e composto da quattro sottili pilastri metallici uniti da una traversa realizzato da Jean Prouvé. Il muro ovest presenta una parete completamente nuda e l'architetto immagina, nella versione definitiva, una maniera ingegnosa di animarla.

L'analisi dell'insieme degli studi preparatori permette di constatare, da una serie all'altra, le differenze che riguardano

sichtbar. Diese Eigenheit schafft auf An-
hieb einen starken Kontrast innerhalb der
Gesamterscheinung der Kapelle.

Die Aufrisse, Grundrisse und Schnitte sowie ein Gipsmodell, die Le Corbusiers Mitarbeiter – namentlich Maisonnier – im
Büro in der Rue de Sèvres anfertigten,
wurden im November 1950 dem Erzbi-
schof von Besançon vorgestellt, der von
dem Projekt erfahren hatte. Sodann kam
dieses Vorprojekt Ende Januar 1951 vor
die Kommission für sakrale Kunst. Die
Zeichnungen und das Gipsmodell – das
die Kommission als «exotisch» bezeichnete – zeigen die Südmauer in diesem Vorprojekt noch von verstreuten und ausge-
fallen geformten Öffnungen durchbrochen, «hingeworfen wie eine Handvoll
Sand». Dieser Gestaltung folgte später
eine strengere Fassung. Auf der Ostseite
ruhte das Dach zudem auf einem Pfeiler
mit ovalem Querschnitt. Weil ihn diese Lösung an einen «Zeltpflock» erinnerte, ver-
mochte sie Le Corbusier indes nicht zu
überzeugen. Im endgültigen Projekt nutzte er diesen unentbehrlichen Stützpfeiler,
indem er ihn mit einer großzügig konzi-
pierten Schale umhüllte, die das Formen-
spiel der Fassade unterstreicht. Auf derselben Seite war eine ausladende Esplanade
aus Beton in Form eines Halbmonds vorgesehen, die wie ein auf den Altar ausge-
richtetes Amphitheater den Außenchor be-
grenzen und die Gläubigen aufnehmen
sollte. Aus finanziellen Gründen und um
den Dialog mit der Natur aufrechtzuer-
halten, kam dieses Planungselement aber
nicht zur Ausführung. Statt dessen führte
Le Corbusier einen natürlich angelegten
Vorplatz ein, der das Geländerelief aus-
nutzt: Dessen äußerste Punkte kennzeichnen im Nordosten eine Steinpyramide aus
wiederverwerteten Steinen der ehemaligen Kapelle und im Südosten das Pilgerhaus. Auf der Nordseite war auf der Achse
des Seiteneingangs ein Glockenturm vor-

alcuni elementi specifici dell'edificio
(aperture del muro sud, pilastro di sostegno del tetto ad est, alzato della facciata
nord) e, di conseguenza, di distinguere
due tappe nell'elaborazione del progetto:
la prima, dal maggio 1950 al gennaio
1951, periodo trascorso tra la prima visita di Le Corbusier sul posto e la presentazione del progetto alla commissione
d'arte sacra di Besançon; la seconda fase
è compresa tra il mese di gennaio 1951
e il mese di settembre 1953, data di
inizio della costruzione. Durante questa
seconda tappa, il progetto subisce alcune
modifiche e trova la sua forma definitiva.

Il progetto definitivo

La seconda serie di schizzi su taccuino,
realizzati nel febbraio 1951, servirà ad
adottare le forme definitive dei lati nord
e ovest, a caratterizzare le prospettive interne, a precisare dei dati costruttivi, o
ancora ad affinare dei dettagli formali
come il profilo del doccione a ovest.
L'edificio trova così la sua forma conclusa
a partire dagli studi fatti dopo la presentazione del progetto preliminare alla
commissione d'arte sacra. L'analisi degli
schizzi su taccuino e dei disegni e piante
di atelier realizzati dopo il mese di gennaio del 1951 mette in evidenza le modifiche apportate. Queste sono fatte in funzione delle osservazioni espresse dai
committenti e delle riflessioni dell'architetto per concretizzare e portare a termine l'elaborazione originaria. Esse non
modificano l'idea di insieme dell'edificio.

La struttura della pianta non varia, propriamente parlando: solamente, è indi-
cata su questo schizzo la collocazione
del rivestimento del pilastro a est e la
sua forma che adotta la stessa pianta
delle torri. Uno schizzo sul taccuino traccia la pianta definitiva (16): muri sud e

gesehen, dessen Metallgerüst mit jeweils gegenüberliegenden parallelen Stangen die von der ehemaligen Kapelle verbliebenen Glocken aufnehmen sollte. Er kam indes ebenfalls aus finanziellen Gründen nicht zur Ausführung. Die drei Glocken fanden schließlich auf der Westseite in einem von Jean Prouvé realisierten niederen Ständer aus vier dünnen, durch einen Zwischenträger verbundenen Metallpfeilern Platz. Die Westfassade präsentierte sich im Vorprojekt noch als völlig kahle Mauer, aber Le Corbusier dachte sich in der endgültigen Fassung eine originelle Lösung aus.

Bei einer Analyse der Vorstudien fallen von einer Serie zur anderen an bestimmten Stellen Unterschiede auf. Sie betreffen einzelne Elemente (Öffnungen in der Südmauer, Stützpfeiler für das Dach im Osten, Aufriß der Nordfassade), so daß sich letztlich zwei Etappen in der Projekterarbeitung erkennen lassen: eine erste von Mai 1950 bis Januar 1951 – zwischen dem ersten Besuch Le Corbusiers auf dem Gelände und der Vorstellung des Projekts vor der Kommission für sakrale Kunst in Besançon – und eine zweite von Januar 1951 bis zum Baubeginn im September 1953. Während dieser zweiten Etappe wurde das Projekt noch einigen Änderungen unterzogen und bekam schließlich seine endgültige Gestalt.

Das endgültige Projekt

Die zweite Entwurfsserie, die Le Corbusier im Februar 1951 in sein Heft skizzierte, diente dazu, die Mauern im Norden und Westen in ihrer endgültigen Form festzulegen, die Innenansichten herauszuarbeiten, die Konstruktionsbedingungen zu präzisieren sowie formale Details wie etwa das Profil des Wasserspeiers an der Ostseite zu verfeinern.

est concavi, muro ovest che si ripiega per contenere una cappella secondaria a sud-ovest e una seconda a nord; muro nord che traccia la stessa ansa, di direzione opposta e che contiene la terza cappella secondaria; posizione delle tre porte: il muro in cui si apre la porta sud, le due fessure in cui si aprono le porte secondarie, una a est, l'altra tra le due torri a nord.

Il principio di costruzione del muro sud è deciso: una sezione mostra una struttura incava, il principio delle aperture in fondo alle strombature, così come il sistema di aggancio del tetto al pilastro attraverso uno snodo; sono anche segnati i giunti di dilatazione fra le torri e i muri. Inoltre, sulla facciata sud, è lasciato uno spazio tra la copertura e la grande torre, spazio meno largo di quello sopra alla porta per evitare l'effetto di rottura e di disequilibrio tra le masse (17).

In questa versione definitiva, alcune linee generali dell'edificio, se conservano l'idea originaria, sono riviste con un'attenzione maggiore alla tensione e al rigore. Così, il filo superiore del muro ovest, che nel progetto preliminare è un piano obliquo inclinato da sud verso nord, si trasforma in una curva convessa; il suo punto più basso corrisponde all'altezza minima della copertura, 4 m 52, e il tetto si collega all'edificio secondo questa curva:

«Modulor: ridotto a 4 m 52 = 2 x 2 m 26. La sfida; sfido il visitatore a scoprire questo da solo. Se questo non fosse stato teso come le corde dell'arco, non si sarebbe giocato il gioco delle proporzioni!» (18). Questa linea incurvata conferma l'intenzione di accrescere l'effetto di pesantezza della massa della copertura sullo spazio interno. Le linee dell'edificio sono così tese all'eccesso, come «le corde dell'arco»; le dimensioni

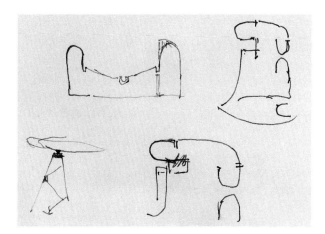

Grundriß, Ansicht der Westwand von außen
und Konstruktionsprinzip der Südmauer (Carnet E18)

Schizzo della pianta, dell'alzato esterno ovest e
del principio di struttura del muro sud (Carnet
E18)

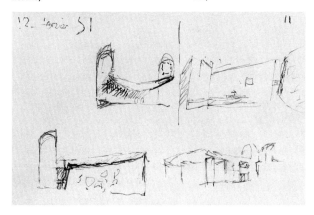

Ansicht der West- und Ostseite von innen
sowie der Süd- und Nordseite von außen (Carnet E18)

Schizzo dell'alzato interno del lato ovest, del
lato est, e dell'alzato esterno del lato sud e
del lato nord (Carnet E18)

Skizze der Westseite mit dem
Wasserspeier und dem Prinzip der
Trennfuge im Westen (Carnet E18)

Schizzo del lato ovest con il
doccione e del principio dei giunti
di dilatazione a ovest (Carnet E18)

Seine endgültige Form fand das Bauwerk somit aufgrund von Studien, die nach der Präsentation des Vorprojekts vor der Kommission für sakrale Kunst entstanden. Eine Analyse der Entwürfe im Heft sowie der nach Januar 1951 realisierten Zeichnungen und Pläne aus Le Corbusiers Atelier dokumentiert die vorgenommenen Änderungen. Ausgelöst wurden sie durch Anregungen seitens der Kommanditäre wie auch Überlegungen Le Corbusiers im Zusammenhang mit der konkreten Umsetzung des Projekts, aber sie änderten am Gesamtkonzept des Bauwerks nichts.

Die Gliederung des Grundrisses blieb im wesentlichen erhalten. Die einzige Anpassung, die sich auf diesen Entwürfen erkennen läßt, betrifft den Standort der Pfeilerschale im Osten und die Form, die nunmehr den gleichen Querschnitt aufweist wie die Türme. Eine Heftskizze hält den Grundriß der Kapelle in seiner endgültigen Form fest (16): konkave Mauern im Süden und Osten, eine beidseits eingerollte Mauer im Westen, die im Südwesten und im Norden je eine Seitenkapelle umschließt, eine Mauer im Norden, gleichermaßen eingerollt, aber in entgegengesetzter Richtung, die in der dadurch gebildeten Schleife die dritte Seitenkapelle aufnimmt; die Position der drei Eingänge: eine Wand mit dem Hauptportal im Süden und zwei Spalten mit den Nebeneingängen – der eine im Osten, der andere zwischen den beiden Türmen im Norden.

Das Konstruktionsprinzip der Südmauer ist entschieden. Ein Schnitt zeigt sie als sich verjüngendes Bauelement, dazu das Prinzip der Maueröffnungen auf dem Grund von Ausschrägungen und die Verbindung zwischen Dach und Pfeiler mittels eines Scharniers. Ebenso sind die Trennfugen zwischen Türmen und Mauern festgehalten. Darüber hinaus ist auf der Südfassade zwischen dem Dach und dem hohen Turm

generali sono ridotte per creare un gioco di volumi più potente e uno spazio interno più denso.

Questo spazio trova allora il suo carattere di luogo che ispira la protezione, il raccoglimento e la preghiera. Le aperture, che non erano originariamente che dei piccoli orifizi disseminati sulla parete sud, si trasformano, in questa seconda serie di schizzi, in larghi alveoli dalle profonde strombature, le cui inclinazioni sono calcolate in funzione di come arriva la luce e dei giochi di prospettiva. Molti piccoli schizzi di prospettiva interna abbozzano sulla stessa pagina lo spazio aperto verso l'altare, lo spazio compresso dalla copertura a ovest, e le profonde strombature delle aperture del muro sud (19).

Sulla facciata nord, le aperture sono un po' trasformate poiché una richiesta formulata nel corso del progetto esigeva che si disponesse una piccola sala supplementare al secondo piano sopra alla sagrestia; l'architetto sopprime allora la loggia che si apriva in questo punto sotto il tetto per sostituirla con una vetrata destinata ad illuminare questa sala (20). Una scala esterna a due livelli accederà a questi locali di servizio.

In questa serie di schizzi, l'architetto mette a punto anche la forma del doccione, a ovest, da dove scola l'acqua del tetto (21). Egli immagina per questo elemento un profilo a «salto di sci» e una sezione a «canna di fucile» la cui idea deriva da un progetto di diga che aveva disegnato qualche anno prima (22). Al momento della realizzazione, se la forma della sezione è conservata, il profilo adottato sarà semplicemente rettilineo, per contrastare maggiormente con le linee curve della parete.

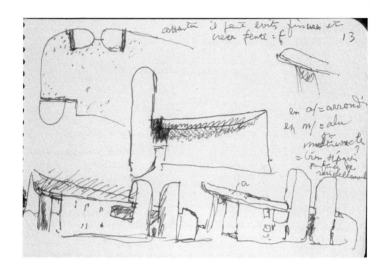

Ansicht der Süd- und Nordseite von außen
sowie Grundriß mit dem Prinzip der Trennfuge
(Carnet E18)

Schizzo degli alzati esterni sud e nord e pianta
col sistema dei giunti di dilatazione (Carnet
E18)

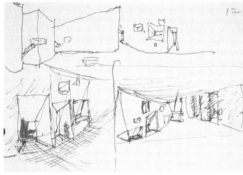

Innenansicht gegen den
Chor im Osten, gegen
Westen und der Südmauer
mit den Ausschrägungen
der Öffnungen (Carnet E18)

Schizzo dell'alzato interno
verso il coro a est, verso
ovest e del muro sud, con
le strombature delle aperture (Carnet E18)

Skizze des Dachschnitts und des Dachs mit
dem Wasserspeier (Carnet E18)

Schizzo della sezione della copertura e del
tetto con il doccione (Carnet E18)

ein Zwischenraum belassen, kleiner als derjenige über dem Hauptportal, damit es weder zu einem Bruch noch zu einem Ungleichgewicht zwischen den Hauptpartien kommt. (17)

In dieser endgültigen Fassung entsprachen einige Hauptlinien des Gebäudes zwar weiterhin der ursprünglichen Idee, aber sie erfuhren im Hinblick auf erhöhte Spannung und größere Strenge eine Neubewertung. So wandelte sich die Abgleichung – im Vorprojekt eine sich von Süd nach Nord neigende Schräge – zu einer konvexen Kurve; ihr niedrigster Punkt entspricht der geringsten Raumhöhe von 4,52 Meter, und das Dach fügt sich dieser Krümmung gemäß organisch in den Bau ein: «Modulor: reduziert auf 4,52 m = 2 x 2,26 m. Die Herausforderung; ich fordere den Besucher heraus, das selbst herauszufinden. Wäre das hier nicht gespannt worden wie Bogensehnen, wäre das Spiel der Proportionen nicht aufgegangen!» (18) Diese gekrümmte Linie bestätigt Le Corbusiers Absicht, die Dachmasse auf den Innenraum noch schwerer wirken zu lassen. Die Baulinien werden dadurch in der Tat «wie Bogensehnen» zum Zerreißen gespannt. Indem er die Dimensionen allgemein reduzierte, erzielte Le Corbusier ein ungeheuer kraftvolles Spiel der Volumen und eine zusätzliche Verdichtung des Innenraums.

Der Raum strahlt dadurch als wesentliche Merkmale Schutz, eine Atmosphäre der Andacht und des Gebets aus. Die Öffnungen, am Anfang nichts weiter als kleine, über die Südmauer verteilte Schlitze, haben sich in dieser zweiten Entwurfsserie in große, tief ausgeschrägte Waben verwandelt, deren Winkel ganz auf den Lichteinfall und das Spiel der Perspektiven ausgerichtet ist. Mehrere kleine, rasch hingeworfene Innenansichten auf einer Heftseite zeigen zudem den offenen Raum auf den

A partire da questi schizzi vengono realizzati dei nuovi disegni, oltre ad un modellino in scala 1 a 100, in filo di ferro e carta, che dà le linee generali dell'edificio con l'ossatura del tetto. Il progetto esecutivo (23) è realizzato nel corso della primavera 1953 e la costruzione comincia nel mese di settembre dello stesso anno.

La pianta definitiva non fa che confermare la scelta adottata negli schizzi su taccuino, una scelta di asimmetria, in contraddizione radicale con l'idea tradizionale di architettura religiosa. Questa pianta colloca anche tutti gli elementi funzionali, l'arredo liturgico (altari, panche, acquasantiere), gli spazi di servizio (come la stanza quadrata della sagrestia, a nord, adiacente alla cappella secondaria); precisa ancora alcune scelte che accentueranno la plasticità delle forme e la ricchezza spaziale: la nicchia scavata nella parete ovest per accogliere un confessionale e che formerà un rigonfiamento all'esterno, oppure la larghezza della base del muro sud, verso l'ingresso, che rafforza il suo carattere di spessa muraglia. Se la pianta della cappella mostra una chiara scelta di asimmetria, tuttavia l'ordine caro ai principi lecorbusiani non è assente: «senza un piano, c'è un disordine arbitrario» afferma. La composizione della pianta è rigorosamente equilibrata e ogni linea trova la sua risposta; alle due linee concave a est e a sud rispondono le due convesse a ovest e a nord, senza tuttavia essere loro parallele; a linee aperte fanno eco linee chiuse; l'unica fila di panche a sud, obliqua rispetto all'asse longitudinale della navata, è tuttavia parallela alla parete interna del muro sud. Le pareti curve delle cappelle secondarie inglobano le pareti ortogonali degli altari. Questo dialogo tra le linee, presente nella pianta, si ritrova nelle forme e i volumi della cappella ed è

Gipsmodell
Modello di gesso

Altar hin, den unter dem Dach sich dukkenden Raum im Westen und die tief ausgeschrägten Durchbrüche in der Südmauer. (19)

An der Nordfassade erfuhren die Mauerdurchbrüche geringfügige Änderungen, weil während der Projektierungsphase neu verlangt wurde, einen kleinen zusätzlichen Raum im zweiten Obergeschoß über der Sakristei einzurichten. Le Corbusier verzichtete in der Folge auf die Loggia, die sich an dieser Stelle unter dem Dach geöffnet hätte, und ersetzte diese durch eine verglaste Öffnung in der Mauer, um diesen neuen Raum zu beleuchten. (20) Erschlossen werden diese beiden Diensträume über eine zweigeschossige Außentreppe.

Im Zuge dieser Entwürfe gab Le Corbusier auch dem Wasserspeier seine endgültige Gestalt, der das Regenwasser im Westen vom Dach ableitet. (21) Er dachte sich dafür eine «Sprungschanze» im Profil und einen Schnitt in Form eines «Gewehrlaufs» aus, eine Idee, die auf ein mehrere Jahre altes Staudammprojekt zurückging. (22) Bei der Realisierung behielt er den Schnitt bei, während das Profil nunmehr ganz gerade verlief, um dadurch um so stärker mit der abschließenden Mauerkrümmung zu kontrastieren.

Ausgehend von diesen Entwürfen wurden neue Werkzeichnungen sowie ein Modell im Maßstab 1 : 100 aus Eisendraht und Papier ausgearbeitet, das die Hauptbaulinien samt dem Dachskelett wiedergibt. Die Ausführungspläne (23) entstanden im Frühjahr 1953, und der Baubeginn erfolgte im September des gleichen Jahres.

Der endgültige Grundriß bestätigt vollends die Entscheidung für die Entwürfe im Heft – eine Entscheidung gegen die Symmetrie, was im krassen Gegensatz zu allen

tradotto graficamente nelle sezioni e nell'assonometria: «l'architettura dipende dalla pianta e dalla sezione. Il gioco interno è compreso in questi due mezzi materiali: l'uno orizzontale, l'altro verticale, di esprimere il volume e lo spazio» (24).

Le Corbusier decide di pubblicare questi schizzi di ricerca, esemplari di un processo creativo, e spiega: «Pubblicare gli schizzi di nascita di un'opera architettonica può essere interessante. Quando mi viene affidato un compito, ho l'abitudine di metterlo dentro alla mia memoria, cioè di non concedermi nessun schizzo per mesi. La testa umana è fatta in modo tale da possedere una certa indipendenza: è una scatola nella quale si possono versare alla rinfusa gli elementi di un problema. Allora si lascia galleggiare, cuocere, fermentare. Poi un giorno, per iniziativa spontanea dell'essere interiore, scatta l'idea; si prende una matita, un carboncino, delle matite colorate (il colore è la chiave del procedimento) e si partorisce sulla carta: esce l'idea...» (25).

Parallelamente al lavoro grafico illustrato qui dagli schizzi della genesi dell'opera, si compie un processo di ricerca, ricerche di fonti documentarie, di elementi di ispirazione, di riferimenti e di soluzioni, metodo che, durante la fase di maturazione, alimenta il progetto.

Il processo creativo

Evocando il processo di creazione del progetto, Le Corbusier parla di «nascita spontanea» dell'opera, aggiungendo «dopo incubazione»... Questa incubazione è una fase essenziale del processo creativo e appare come una delle costanti del metodo di lavoro dell'architetto. Alla fonte dell'elaborazione del progetto,

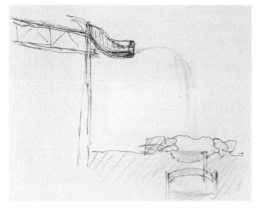

Skizze des Wasserspeiers, im Profil (Carnet E18)

Schizzo del doccione, di profilo (Carnet E18)

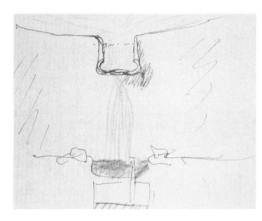

Skizze des Wasserspeiers, von vorn (Carnet E18)

Schizzo del doccione, di fronte (Carnet E18)

Ansichtsskizze der Westseite mit dem Wasserspeier (Carnet J35)

Schizzo dell'alzato ovest, con il doccione (Carnet J35)

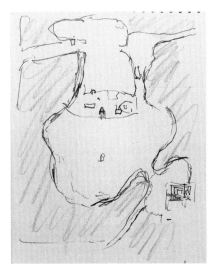

Entwurf des Gesamtplans der Anlage
mit der Esplanade im Osten und der
Steinpyramide (Carnet K41)

Schizzo generale della pianta
dell'edificio, con lo spiazzo a est e
la piramide (Carnet K41)

Tuschzeichnung des Außenchors in seiner
endgültigen Form (FLC 7518)

Disegno a inchiostro dello stato definitivo del
coro esterno (FLC 7518)

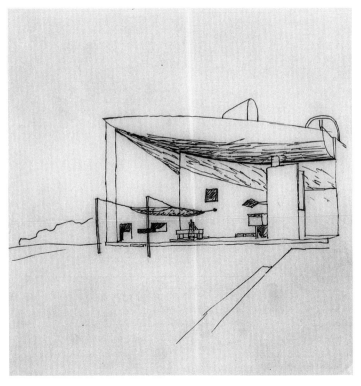

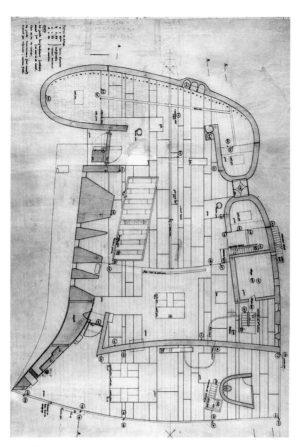

Endgültiger Grundriß der Kapelle (FLC 7169)
Pianta definitiva della cappella (FLC 7169)

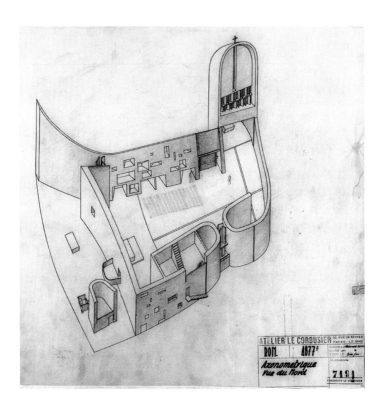

Axonometrische Darstellung der Kapelle, von
Norden (FLC 7191)
Vista assonometrica della cappella, da nord
(FLC 7191)

traditionellen Grundrissen der sakralen Baukunst stand. Auch legt dieser Grundriß alle funktionalen Elemente, die liturgische Einrichtung (Altäre, Sitzbänke, Weihwasserbecken) und die Diensträume (etwa die an die Seitenkapelle grenzende quadratische Sakristei im Norden) fest. Des weiteren präzisiert er ein paar Punkte, welche die Plastizität der Formen und die räumliche Vielfalt hervorheben: die in die Westmauer für den Beichtstuhl eingelassene Nische zum Beispiel, die von außen als Ausbuchtung sichtbar ist, oder die sich verbreiternde Basis der Südmauer in Richtung Portal, was dieser noch deutlicher das Gepräge einer dicken Mauer verleiht. Obwohl der Grundriß der Kapelle in weiten Teilen jeder Symmetrie entbehrt, fehlt die Ordnung, die Le Corbusier grundsätzlich hochschätzt, keineswegs. «Ohne Grundriß ist Unordnung, Willkür», bemerkte er einmal. Der Grundriß ist nach strengen Regeln ausbalanciert, und jede Linie findet ihre Erwiderung: Die beiden konkaven Wölbungen im Osten und Süden entsprechen den beiden konvexen Krümmungen im Westen und Norden, ohne indes als Parallelen aufzutreten. Die offenen Linien finden ihr Echo in den geschlossenen Linien. Die einzige Bankreihe im Süden, die in bezug auf die Längsachse des Kirchenschiffs schräg verläuft, steht parallel zur Innenwand der Südmauer. Die ovalen Wände der Nebenkapellen fassen die rechtwinkligen Seiten der Altäre. Und dieser im Grundriß vorhandene Dialog der Linien findet sich auch in den Formen und Volumen der Kapelle wieder und wird sodann durch die Schnitte und die Axonometrie grafisch umgesetzt: «Die Architektur hängt vom Grundriß und vom Schnitt ab. Diesen beiden greifbaren Mitteln – das eine horizontal, das andere vertikal – ist das ganze Spiel eingeschrieben, um dem Volumen und dem Raum Ausdruck zu geben.» (24)

durante questa fase di gestazione, l'idea originaria si nutre di apporti diversi per formularsi in maniera sintetica attraverso il tratto. Il disegno appare allora propriamente come «cosa mentale», traduzione fedele di un'immagine mentale poiché la scelta generale è, in Le Corbusier, sempre definita in primo luogo, in modo globale. Il disegno serve a formulare l'idea, come una scrittura; è la resa immediata dell'idea già elaborata e adottata: «...non disegnare ma prima vedere il progetto; nel proprio cervello; il disegno è utile solo per aiutare alla sintesi delle idee pensate» (26). Gli schizzi su taccuino, preparatori al progetto e presentati sopra, rendono esplicita questa funzione del disegno come annotazione dell'idea, trascrizione che si produce in un tratto lineare e preciso, che descrive l'essenziale della forma.

Questi schizzi su taccuino sono rappresentativi anche del ruolo del disegno come «memoria» per l'architetto. Così, la fase «d'incubazione» di cui egli parla, propria ad ogni approccio progettuale, è una tappa di esplorazione dei più vari dati complementari (programmatici, documentari, referenziali...). Questa fase prende certo in considerazione una dimensione empirica e soggettiva: intervengono allora delle reminiscenze provenienti per esempio dai viaggi dell'architetto, dai riferimenti raccolti durante gli anni di formazione, da elementi di progetti anteriori, da ricordi personali...

Le Corbusier stesso fa riferimento ad alcune delle fonti che hanno alimentato la creazione dell'opera. Così, l'origine della forma data alle torri, come il loro principio di illuminazione, va ricercato nei ricordi dei viaggi fatti durante la sua giovinezza. Nell'ottobre 1911, egli visita la Villa Adriana a Tivoli e rileva, in qualche schizzo, il modo in cui la luce penetra

Le Corbusier beschloß, diese für einen schöpferischen Prozeß beispielhaften Studienskizzen zu veröffentlichen und erklärte dazu: «Die Publikation der Entwürfe, die zur Entstehung eines architektonischen Projekts führen, kann interessant sein. Ich habe die Gewohnheit, eine Aufgabe, die mir übertragen wird, im Kopf zu verstauen, das heißt, ich gestatte mir monatelang keinen einzigen Entwurf. Nun ist der menschliche Kopf so beschaffen, daß er eine gewisse Unabhängigkeit besitzt: Er ist wie eine Schachtel, in die man alle Elemente eines Problems einfach so hineinwerfen kann. Dort läßt man sie treiben, schmoren, gären. Eines Tages erfolgt dann eine spontane Initiative des inneren Wesens, ein Klicken; man nimmt einen Bleistift, einen Kohlestift, einen Buntstift (die Farbe ist der Schlüssel zum Verfahren) und beugt sich über das Papier: die Idee tritt hervor …» (25)

Parallel zur grafischen Arbeit, die hier anhand der Entwürfe zur Entstehung des Projekts illustriert wird, lief auch ein Prozeß der Suche ab – der Suche nach dokumentarischen Quellen, Inspirationsquellen, Referenzen und Lösungen. Sie gab dem Projekt über die gesamte Dauer seiner Reifung hinweg stets von neuem Nahrung.

Der schöpferische Prozeß

Le Corbusier hat den schöpferischen Prozeß, in dessen Verlauf das Projekt entstand, als «Spontangeburt» bezeichnet und den Zusatz «nach Inkubation» hinzugefügt. Diese Inkubation war eine grundlegende Phase des schöpferischen Vorgangs, und sie tauchte als eine der Konstanten seiner Arbeitsmethode immer wieder auf. Am Anfang der Erarbeitung eines Projekts, während dieser «Reifezeit», nährte sich die ursprüngliche Idee jeweils von verschiedenen Beiträgen, um schließ-

nell'abside del Serapeum costruito nella roccia; la nicchia dell'abside è illuminata da un camino che emerge per captare la luce, come una specie di periscopio; l'architetto è colpito da quello che chiama un «buco di mistero»; tiene a mente questo principio di illuminazione indiretta e decide di utilizzarlo, qualche decennio più tardi, nel progetto della basilica sotterranea della «Sainte-Baume», nel 1948. Quando mette su carta le prime idee per la cappella di Ronchamp, pensa di sfruttare nuovamente questa idea e decide di dare questa forma a «periscopio» alle calotte delle torri.

Un'annotazione e uno schizzo inoltre menzionano questa fonte: «della luce! nel 1911(?), avevo scovato una cosa così in una grotta romana a Tivoli». Se si ricorda quasi immediatamente di Tivoli – e i primissimi schizzi su taccuino lo mostrano –, non è solo perché ha visitato il luogo, ma perché ha disegnato quello che voleva tenere a mente: «si disegna allo scopo di spingere all'interno, nella propria storia, le cose viste» (27). Questa funzione del disegno come memoria è fondamentale per spiegare la nascita dell'opera e il metodo di lavoro dell'architetto. Questo procedimento, che consiste nell'immagazzinare attraverso il disegno tutto quello che attira la sua attenzione e il suo interesse, si insinua in modo costante nella genesi di ciascuna delle sue opere e il disegno si rivela, lungo tutta la sua produzione, il vero strumento della «lunga ricerca paziente».

Proprio come per la concezione delle torri, di cui Le Corbusier aveva a mente il modello, l'idea che sta all'origine della copertura della cappella proviene da una forma familiare all'architetto: il guscio di granchio a cui fa riferimento quando descrive la nascita del progetto. Egli trae in effetti questo guscio dalla serie degli oggetti organici (radici, ossa, ciottoli) che

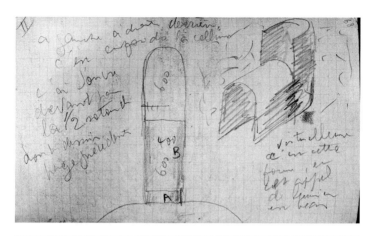

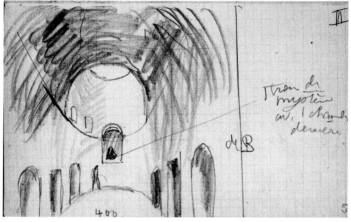

Skizze der Lichtführung im Serapeum der Villa Adriana in Tivoli, von Le Corbusier im Oktober 1911 ausgeführt (Carnet Orientreise)

Schizzo del sistema di illuminazione nel Serapeum della Villa Adriana, a Tivoli, fatto da Le Corbusier nell'ottobre 1911 (Carnet del viaggio d'oriente)

Studienskizze der Turmkalotten (FLC 5645)

Schizzo di ricerca per le calotte delle torri (FLC 5645)

lich in synthetischer Weise über den Bleistiftstrich Gestalt anzunehmen. Die Zeichnung trat dann gleichsam als eigentliche «cosa mentale» in Erscheinung, als getreue Übertragung eines geistigen Bildes, denn der Grundplan wurde bei Le Corbusier stets an erster Stelle, in großen Zügen festgelegt. Die Zeichnung diente ihm dazu, eine Idee zu formulieren, als wäre sie ein Schriftstück; sie war unmittelbarer Ausdruck der bereits ausgearbeiteten und für gut befundenen Idee. «... das Projekt nicht zeichnen, sondern erst anschauen, im Kopf; die Zeichnung dient nur als Hilfsmittel, um die gedachten Ideen zusammenzuführen.» (26) Die weiter oben besprochenen Heftentwürfe, die der Vorbereitung des Projekts dienten, liefern ein treffendes Beispiel für diese Funktion der Zeichnung als kritische Anmerkung zu einer Idee, als Rückübertragung in lineare und präzise Striche, die die wesentlichen Züge der Gesamtgestalt beschreiben.

Diese Heftskizzen sind zudem repräsentativ für die Rolle der Zeichnung als «Gedächtnis». So war die «Inkubations»-Phase, von der Le Corbusier gesprochen hat und die zur Erarbeitung jedes Projekts gehörte, eine Zeitspanne, während der er auf die verschiedensten zusätzlichen Daten zugriff (Programm, Dokumentation, Quellen ...). Selbstverständlich war diese Phase von persönlichen Erfahrungen und subjektiven Empfindungen geprägt: namentlich von Le Corbusiers Erinnerungen an seine Reisen, der Quellenernte aus seiner Studienzeit, von Elementen aus früheren Projekten und persönlichen Erinnerungen.

Er hat selbst auf einige dieser Quellen hingewiesen, die das Entstehen seines Werks gefördert haben. So ist etwa die Anregung zur Form der Türme ebenso wie deren Prinzip der Lichtführung in den Erinnerungen an Reisen zu suchen, die er in jungen Jahren unternommen hat. Im Oktober

gli piace collezionare e che definisce «a reazione poetica». Essi sono per lui delle preziose fonti di ispirazione, nel suo lavoro di architetto, come di pittore e disegnatore. Questo guscio di granchio gli suggerisce non solo una forma – la forma organica che cerca per rispondere ad una pianta organica – ma anche una struttura che egli immagina di adattare alla copertura della cappella. Così come il guscio è composto di due membrane, il tetto sarà formato da due veli sottili, uniti l'uno all'altro attraverso delle travi maestre. Egli non si accontenta di riprendere questo modello e di trasporlo nello spazio, ma lo rimaneggia e lavora sull'aspetto molto particolare di questo guscio. Lo arricchisce apportandovi degli elementi presi da altre fonti, creando così una sintesi di forme e di idee.

Infatti, tra le fonti di ispirazione della copertura, bisogna anche notare un riferimento preso dalla tecnica contemporanea, nel caso specifico, quella di una diga. In un dossier intitolato «documents préparation Ronchamp», si trovava una rivista in cui era messa in evidenza un'illustrazione che riproduceva la sezione di una diga. Se si confronta questa sezione alla curva formata dalla pendenza del tetto dall'angolo sud-est fino al lato ovest dove l'acqua scola dal doccione, l'analogia formale è evidente. L'architetto infatti si è ispirato alla sezione di questa diga per trovare una sagoma che favorisse lo scolo delle acque dal tetto. Egli utilizza così una forma che evoca e comporta una funzione ben specifica: poiché uno degli imperativi del programma è la necessità di raccogliere le acque piovane, tiene conto di questo vincolo, per quanto riguarda sia l'aspetto generale della copertura sia quello di un elemento particolare come il doccione del muro ovest. Anche per il profilo dato al doccione si ispira alla forma di una diga: di fianco alla

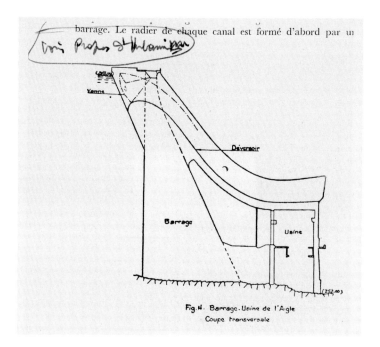

Querschnitt durch einen Staudamm für ein Wasserkraftwerk, den Le Corbusier in einer Zeitschrift entdeckte

Sezione trasversale di una diga presa da Le Corbusier da una rivista dell'epoca

Le Corbusiers Skizze des Staudamms von Chastang, in «Propos d'urbanisme»

Schizzo fatto da Le Corbusier, della diga di Chastang, in «Propos d'urbanisme»

1911 suchte er die Villa Adriana in Tivoli auf. Dort hielt er in mehreren Skizzen den Lichteinfall in der Apsis des in den Fels gebauten Serapeums fest. Die Nische in der Apsis wird über einen Kamin beleuchtet, der das Licht wie ein Periskop sammelt. Le Corbusier war beeindruckt von diesem «Mysterienloch», wie er es nannte. Er merkte sich dieses Beleuchtungsprinzip und hatte vor, es 1948, also fast vierzig Jahre später, in seinem Projekt für eine unterirdische Basilika in La Sainte-Baume zu verwenden. Als er dann die ersten Ideen für die Kapelle von Ronchamp zu Papier brachte, dachte er erneut daran, diese Idee umzusetzen, und beschloß, die Kalotten der Türme mit dieser «Periskop»-Form zu versehen. Eine Bemerkung und ein Entwurf verweisen übrigens ebenfalls auf diese Quelle: «Licht! 1911 (?) habe ich einen Trick wie diesen in einer römischen Grotte in Tivoli entdeckt.» Wenn er sich fast sofort an Tivoli erinnerte – und sämtliche Erstentwürfe im Heft deuten darauf hin –, dann nicht nur, weil er diesen Ort einst aufgesucht hat, sondern auch, weil er damals zeichnerisch festhielt, woran er sich erinnern wollte: «Man zeichnet, um das Gesehene in das Innere, in die eigene Geschichte aufzunehmen.» (27) Ohne diese grundlegende Funktion der Zeichnung als Gedächtnis lassen sich weder Werkgenese noch Arbeitsmethode von Le Corbusier erklären. Das Verfahren, über die Zeichnung all das in sich aufzunehmen, was seine Aufmerksamkeit und sein Interesse geweckt hat, nahm während der Entstehung all seiner Werke allmählich einen festen Platz ein, und die Zeichnung erwies sich über seine ganze, lange Schaffenszeit hinweg als das eigentliche Werkzeug in dieser «langen, geduldigen Suche».

Ebenso wie Le Corbusier die Idee für die Gestaltung der Türme bereits im Kopf hatte, beruhte auch jene für das Kapellendach auf einer Form, die ihm schon ver-

sezione della diga sopra citata, una nota di sua mano indica: «vedere Propos d'urbanisme»; in quest'opera è pubblicato uno schizzo fatto dall'architetto nel 1945 che rappresenta un progetto di diga; la somiglianza tra la forma dello sfioratore di questa diga di Chastang e quella del doccione della cappella è evidente; egli riutilizza una forma immaginata in gran scala per scaricare le acque di una diga e l'applica alla scala di un doccione che serve allo scolo delle acque piovane.

Le fonti qui descritte sono prese sia da culture passate (Tivoli), sia dalla storia personale dell'architetto («oggetti a reazione poetica»), sia dal vocabolario della tecnica contemporanea (dighe). Se certe parti della cappella provengono da una ricerca formale elaborata, altre, come le torri per esempio, sembrano essere state trovate quasi spontaneamente poiché facevano già parte di un repertorio anteriore, come attestano i primissimi schizzi fatti sul luogo.

Questa fase «d'incubazione» alla quale Le Corbusier fa riferimento non si riduce certo al periodo compreso tra il momento dell'incarico e il momento in cui è stata trovata l'idea originaria. Questa tappa di gestazione del progetto integra di fatto implicitamente, in modo spesso inconsapevole, altrettanti dati anteriori alla fase progettuale vera e propria. Si costituisce nella memoria dell'architetto un repertorio di forme e di soluzioni, un sistema di riferimenti che gli sono propri, e da cui egli attinge al momento di pensare al progetto. Non si tratta certo di ripetere delle forme e delle idee, ma di trasporre nella sua produzione architettonica e plastica dei riferimenti o dei modelli da cui trae delle lezioni e a partire dai quali inventa un nuovo linguaggio. Estrarre l'essenza da un modello, trarre lo spirito della forma come suppor-

traut war: dem Krabbenpanzer nämlich, den er erwähnte, als er sich zur Entstehung des Projekts äußerte. Dieser Panzer gehörte, wie bereits erwähnt, zu einer Sammlung organischer Objekte, Wurzeln, Knochen und Kiesel, die er selbst als «Objekte für poetische Reaktion» bezeichnete. Sie stellten für ihn wertvolle Inspirationsquellen dar, sowohl was seine Arbeit als Architekt als auch was sein Schaffen als Maler und Zeichner betraf. Der Krabbenpanzer regte ihn nicht nur zu einer Form an – jener organischen Form, die er als Antwort auf seinen organischen Grundriß gesucht hatte –, sondern auch zu einer Konstruktion, die er auf das Kapellendach anwenden wollte. Exakt aus zwei Schichten wie der Panzer wurde auch das Dach verfertigt, nämlich aus zwei dünnen Betondecken, die durch Binderbalken miteinander verbunden sind. Weit davon entfernt, sich mit der bloßen Wiederverwendung dieses Panzermodells zu begnügen und es in den Raum zu übertragen, veränderte und bearbeitete Le Corbusier dessen sehr speziellen Aspekt. Er bereicherte ihn unter Hinzufügung von Elementen aus anderen Quellen und schuf damit eine Synthese von Formen und Ideen.

Nicht zu vergessen ist unter den Inspirationsquellen für das Dach eine Referenz, die auf zeitgenössische Technik – genauer auf die Staudammtechnik – Bezug nimmt. In einem Dossier mit dem Titel «Documents préparation Ronchamp» findet sich eine Zeitschrift mit einer Illustration, die einen Schnitt durch einen Staudamm zeigt und hervorgehoben ist. Vergleicht man diesen Schnitt mit der Kurve, die durch die Dachneigung von der Südostecke zur Westseite gebildet wird, wo das Regenwasser über den Wasserspeier abläuft, fällt die formale Analogie sofort ins Auge. Le Corbusier hat sich also bei seiner Suche nach einer Rundung, die das Abrinnen des Wassers vom Dach begünstigt, vom

to al percorso creativo fa parte integrante del processo progettuale. In questo processo, l'invenzione non è mai puramente formale. Le forme sono immaginate in relazione ad una funzione specifica e al programma richiesto.

Parallelamente a questo lavoro sulla forma, inizia una documentazione per rispondere ai dati del programma. Così, l'architetto consulta varie riviste d'arte religiosa per prendere confidenza con gli imperativi imposti dalla regola liturgica. Inoltre, utilizza numerose informazioni tratte da una piccola monografia sulla cappella precedente (28). Egli annota o mette in evidenza i paragrafi relativi alla storia dei pellegrinaggi collegati al luogo e che ricordano le grandi folle radunate per l'occasione. Questo probabilmente gli suggerisce l'importanza da attribuire al coro esterno, specie di cattedrale all'aperto. Ugualmente, dà risalto ai brani in cui è lungamente descritta questa cappella che «si vedeva così bella da lontano»; si trova qui confermato l'interesse per la sua posizione in un punto elevato in cui fa da segnale nel paesaggio. Questa funzione sarà sottolineata dall'alta torre sud-ovest da lui immaginata: sottolinea anche tutto quello che riguarda la vocazione mariana dell'edificio così come gli aneddoti relativi alla statua della Vergine. Ecco la reazione di una persona che, avendo ricevuto un'educazione protestante, vuole informarsi sulle caratteristiche del culto cattolico, in particolare sulla credenza nella Vergine Maria. Coglie nel testo tutto quello che lo istruisce sulla relazione tra l'immagine della Vergine e il pellegrino, relazione madre-figlio, che evoca la protezione. Questo gli ispira la posizione – privilegiata rispetto al luogo in cui si svolge il «dramma cristiano» – da dare alla statua, che domina l'assemblea dei fedeli e che serve da legame col mondo esterno. Questa

Schnitt durch diesen Staudamm inspirieren lassen. Er griff damit auf eine Kontur zurück, die auf eine ganz spezifische Funktion verweist und diese auch nach sich zieht: Eine der Vorgaben des Programms verlangte ja, daß das Regenwasser aufzufangen sei, und Le Corbusier erfüllte diese Forderung in bezug auf die Erscheinungsform sowohl des Dachs als Ganzes wie auch eines so kleinen Details wie des Wasserspeiers an der Westmauer. Auch beim Entwurf des Wasserspeiers im Profil ließ er sich vom Bild eines Staudamms leiten. An den Rand des oben erwähnten Staudammschnitts notierte Le Corbusier handschriftlich: «siehe Propos d'urbanisme». In dieser Schrift findet sich die Skizze eines Staudammprojekts, die er 1945 gezeichnet hat. Die Ähnlichkeit zwischen der Überlaufvorrichtung dieses Staudamms von Chastang und der Form des Wasserspeiers an der Kapelle von Ronchamp ist frappant. Le Corbusier griff auf eine Form zurück, die er sich in einem großen Maßstab ausgedacht hatte, um das Wasser eines Stausees abzuleiten, und übertrug sie auf die Maße eines Wasserspeiers, der dazu dient, das Regenwasser abzuführen.

Die hier aufgeführten Quellen hat Le Corbusier also sowohl vergangenen Kulturen (Tivoli) und seiner persönlichen Geschichte («Objekte für poetische Reaktion») wie auch dem Vokabular der modernen Technik (Staudämme) entnommen. Während einige Partien der Kapelle aus einer komplizierten formalen Suche hervorgingen, ergaben sich andere – etwa die Türme – offenbar beinahe spontan, weil sie, wie die allerersten auf dem Gelände erstellten Entwürfe beweisen, Teil eines bereits bestehenden Repertoires waren.

Die «Inkubations»-Phase, die Le Corbusier angesprochen hat, beschränkte sich natürlich nicht auf die Zeit zwischen der Auftragserteilung und dem Augenblick, in dem

statua sarà infatti posta in una nicchia aperta nella parete del coro, permettendo all'oggetto di essere visibile dall'esterno.

Questa fase di documentazioni legate alla riflessione sul programma, complementare alla ricerca formale, alimenta la gestazione del progetto. La fase d'incubazione di cui parla l'architetto ci illumina così sul suo metodo di lavoro. Lo storico dell'arte Maurice Besset, conoscitore della ricerca lecorbusiana, evoca il suo procedimento in questi termini: «‹Guardare› e ‹vedere›, diceva egli volentieri, distinguendo con cura tra ‹guardare› che è semplicemente notare, raccogliere, immagazzinare, e ‹vedere› che è già comprendere, cogliere dei rapporti, o come diceva ancora, ‹classificare›; poi solo ‹inventare› e ‹creare›. Risalendo, a partire da ogni forma, da ogni idea che porta il suo segno, mentre la concatenazione spesso svia da queste operazioni, mettendosi a precisare per ogni caso il rapporto tra osservazione e visione creatrice, si costaterà che non c'è in Le Corbusier idea o forma, per quanto sia nuova e per quanto autenticamente gli appartenga, che non abbia la sua fonte originaria in un'osservazione concreta, in un fatto memorizzato, in una domanda posta» (29).

La costruzione

Le condizioni della costruzione

La costruzione della cappella inizia nel settembre 1953 per terminare alla fine del mese di giugno 1955. Il progetto è sottoposto alla commissione d'arte sacra di Besançon durante la sessione del gennaio 1951 e approvato ufficialmente il 20 gennaio. Nel corso della stessa sessione, la commissione approva la realizzazione di una serie di vetrate di Fernand

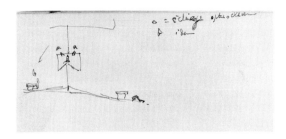

Lageskizze für die Plazierung der Marienstatue in der Ostmauer auf einer Drehscheibe, damit sie von innen und außen von vorne zu sehen ist (Carnet E18)

Schizzo di collocazione, nel muro est, della statua della Vergine, posta su di un piedistallo rotante per essere vista di fronte sia all'interno che all'esterno (Carnet E18)

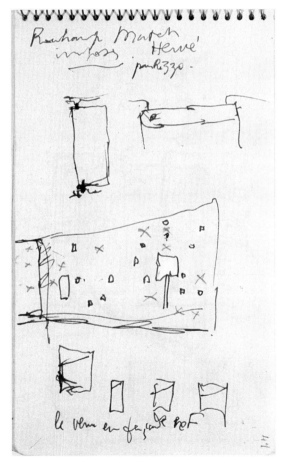

Ansichtsskizze der Ostmauer von innen, mit Angaben für die vorgesehenen Öffnungen (Carnet H32)

Schizzo dell'alzato interno del muro est, con l'indicazione dei fori da lasciare aperti (Carnet H32)

die erste Idee Gestalt annahm. Diese ganze Zeitspanne, in der das Projekt heranreifte, umfaßte implizit und oft unbewußt auch sämtliche Gegebenheiten, die bereits vor der eigentlichen Projektphase bestanden hatten. In Le Corbusiers Gedanken bildete sich ein Repertoire von Formen und Lösungen heran, ein für ihn typisches Bezugssystem, aus dem zu schöpfen pflegte, wenn er über ein Projekt nachdachte. Selbstverständlich ging es dabei nicht um die Wiederholung von Formen und Ideen, sondern darum, Bezüge oder Modelle in sein architektonisches und plastisches Schaffen einfließen zu lassen, aus denen er gelernt hatte und von denen ausgehend er eine neue Sprache erfand. Den Kern eines Modells herauskristallisieren, den Geist aus einer Form herauslösen, um damit den schöpferischen Prozeß zu unterstützen: dies waren feste Bestandteile von Le Corbusiers Projektierungsansatz. In diesem Ansatz ist die Idee niemals rein formaler Art. Die Formen werden vielmehr stets in bezug auf eine spezifische Funktion und auf das vorgegebene Programm erdacht.

Parallel zu dieser Arbeit an der Form eines Projekts kam eine dokumentarische Recherche in Gang, um den Anforderungen des Programms entsprechen zu können. So konsultierte Le Corbusier verschiedene Zeitschriften über sakrale Kunst, um sich mit den Bedingungen vertraut zu machen, die ihm die liturgische Regel auferlegte. Zusätzlich stützte er sich auf zahlreiche Informationen, die er einer kleinen Monografie über die ehemalige Kapelle von Ronchamp entnahm. (28) Darin versah er die Abschnitte, die sich auf die Wallfahrtstradition von Ronchamp bezogen und die großen Menschenmassen schilderten, die jeweils dort zusammenströmten, mit persönlichen Bemerkungen oder hob sie hervor. Von diesen Textstellen her rührte wahrscheinlich die Bedeutung, die er dem Außenchor einräumte – einer Art Kathedrale im Freien.

Léger e di un mosaico di Bazaine a Audincourt. Tra la data in cui il progetto viene accettato e l'inizio della costruzione, trascorre un periodo di quasi tre anni: periodo durante il quale si manifestano esitazioni diverse, e persino vere e proprie opposizioni che ritarderanno a più riprese l'inizio dei lavori.

Reticenze e opposizioni sul piano locale: i parrocchiani di Ronchamp, legati alla vecchia cappella, si auguravano il restauro della vecchia piuttosto che la costruzione di una nuova. Quando viene loro presentato il nuovo progetto, sotto forma del primo modellino in gesso, la lettura di questa architettura non risulta facile: incomprensione, stupore, apprensione di fronte a quest'oggetto un po' strano, che non si riferisce a nessuna costruzione religiosa tradizionale. Opposizioni anche da parte dell'amministrazione regionale che ostacola l'inizio dei lavori, cosa che porta il ministro della Ricostruzione, Eugène Claudius-Petit, amico di Le Corbusier, ad intervenire sottolineando il suo appoggio alla commissione d'arte sacra. Ostilità appena velata da parte di un gruppo del clero della diocesi che è reticente di fronte al finanziamento del progetto (30).

Infine, opposizioni, durante la costruzione e alla fine del cantiere, da parte della stampa, con una vera e propria campagna condotta contro la cappella che viene, secondo gli articoli, definita «garage ecclesiastico», «pantofola», «bunker», «rifugio anti-atomico», «mucchio di cemento»…: Nel suo diario, l'abate Bolle-Reddat, cappellano di Notre-Dame-du-Haut, scrive qualche anno più tardi: «qualcuno un giorno saprà scrivere in quali difficoltà è nata questa cappella, quali battaglie su tutti i fronti si sono dovute combattere, in quale terreno, a volte nauseabondo, è spuntato questo

Ebenso markierte er Passagen, in denen ausführlich von der Kapelle die Rede war, die «man so schön von weitem sah». Das belegt sein Interesse an ihrer erhöhten Lage, an der sie als Zeichen in der Landschaft wirken kann. Er hob diese Signalfunktion schließlich durch einen hohen Turm im Südwesten noch hervor. Des weiteren strich Le Corbusier alle Passagen an, die sich auf die Marienweihe der Kapelle und auf die Legenden um das Marienbildnis bezogen. Darin tritt die Reaktion eines Menschen zutage, der protestantisch erzogen wurde und sich am Beispiel der Marienverehrung über die Besonderheiten der katholischen Bräuche informieren wollte. Le Corbusier hob im Text alles hervor, was ihm über die Beziehungen zwischen dem Marienbild und den wallfahrenden Gläubigen Aufschluß gab – Mutter-Kind-Beziehungen, die von Schutz künden. Dies regte ihn dazu an, für das Bildnis einen Standort zu wählen, der in bezug auf die Umgebung, in der sich das «christliche Drama» abspielt, von besonderer Bedeutung ist: über der Gemeinschaft der Gläubigen thronend und als Bindeglied zwischen innen und außen dienend. So kam die Marienstatue in eine offene Mauernische im Chor zu stehen, wodurch man sie auch von außen erblickt.

Diese Phase der dokumentarischen Recherchen in Verbindung mit der Reflexion über das Programm, welche die formale Suche ergänzte, speiste das Heranreifen des Projekts. Die Inkubationsphase, von der Le Corbusier sprach, erhellt somit seine Arbeitsmethode. Der Kunsthistoriker Maurice Besset, mit Le Corbusiers Recherche-Arbeit vertraut, schilderte dessen Vorgehen wie folgt: «‹Betrachten› und ‹sehen›, sagte er gern und unterschied dabei peinlich genau zwischen ‹betrachten›, was einfach bemerken, sammeln, aufnehmen heißt, und ‹sehen›, was bereits verstehen, Bezüge herstellen oder, wie er auch sagte, ‹einordnen› bedeutet; sodann nur ‹erfinden› und ‹er-

fiore di grazia? un vero miracolo!» (31). Veniva attaccata tanto la personalità dell'architetto quanto la sua architettura e questo tipo di reazione da parte dei suoi contemporanei era diventata cosa abituale per Le Corbusier: «nessun architetto ha espresso con una tale forza la rivoluzione dell'architettura perché nessun architetto è stato così a lungo e così pazientemente insultato!...» dirà Malraux (32). Nei testi che scrive a proposito della cappella di Ronchamp, Le Corbusier allude a questi attacchi: «Neanche per un minuto, ho avuto l'idea di stupire. La mia preparazione? Una simpatia per gli altri, per lo sconosciuto e una vita che è trascorsa nelle brutalità dell'esistenza, le cattiverie, l'egoismo, le vigliaccherie, le trivialità, ma anche tanta gentilezza, bontà, coraggio, slancio...» (33).

I principi costruttivi

La scelta costruttiva generale è presa dall'architetto sin dai primi contatti con il luogo. Nelle sue note per Ronchamp, egli scrive: «Giugno 1950...mi sto occupando da tre ore di conoscere il terreno e gli orizzonti... C'è in piedi la vecchia cappella tutta sforacchiata dalle granate... Chiedo sulle condizioni locali e constato che non ci sono strade (d'accesso), né trasporti, e che di conseguenza prenderò dei sacchi di cemento e di sabbia e forse le pietre di demolizione della cappella dal tetto distrutto; probabilmente le pietre di demolizione, gelive e calcinate, potranno riempire, ma non portare. Una nozione si precisa: qui, in queste condizioni, in cima ad un monte isolato, una sola categoria professionale, una squadra omogenea, una tecnica sapiente, degli uomini là in alto, liberi e maestri del loro lavoro» (34). Così, mentre decide di realizzare la totalità dell'opera con una stessa squadra, decide la scelta dei

schaffen». Würde man ausgehend von jeder Form, von jeder Idee, die seine Handschrift trägt, die oft verwirrende Verkettung dieser Vorgänge zurückverfolgen; würde man sich bemühen, für jeden Fall die Beziehung zwischen Betrachten und schöpferischem Sehen zu präzisieren, ließe sich feststellen, daß es bei Le Corbusier kaum je eine Idee oder eine Form gegeben hat – wie neu diese auch sein und wie authentisch sie auch zu ihm gehören mag –, die ihren Ursprung nicht in einer konkreten Betrachtung hatte, in einer registrierten Tatsache, in einer gestellten Frage.» (29)

Die Ausführung

Bedingungen

Der Baubeginn erfolgte im September 1953, und die Arbeiten konnten Ende Juni 1955 abgeschlossen werden. Das Projekt war der Kommission für sakrale Kunst aber bereits in der Sitzung von Januar 1951 vorgelegt und am 20. Januar offiziell gutgeheißen worden; im Rahmen derselben Sitzung hatte sich die Kommission auch einverstanden erklärt mit einer Serie von Fenstern von Fernand Léger und mit einem Mosaik von Bazaine für Audincourt. Zwischen dem Zeitpunkt der Projektannahme und dem Baubeginn verstrichen also nahezu drei Jahre. In dieser Zeit wurden verschiedene Einwände laut, ja, es erhob sich regelrecht Widerstand, so daß sich der Beginn der Arbeiten mehrere Male verzögerte.

Zurückhaltung und Widerstand gab es zunächst auf lokaler Ebene: Die Gemeindemitglieder von Ronchamp, die an der alten Kapelle hingen, wollten lieber diese restaurieren, als eine neue bauen. Und als ihnen das neue Projekt in Form des ersten Gipsmodells vorgestellt wurde, fiel es ihnen alles andere als leicht, mit dieser Architektur

materiali, dettata dalle condizioni del posto: sabbia e cemento, e cioè calcestruzzo.

La costruzione si realizza a partire da un'ossatura costituita di pali in cemento armato sui quali è posto il guscio del tetto. Il riempimento dei muri ovest, est e nord è composto di pietre recuperate dalla vecchia cappella demolita: l'edificio riposa su fondazioni di un metro di profondità che sono sia dei plinti che ricevono i pilastri portanti, sia dei cordoli che ricevono i muri continui. L'ossatura del muro sud è composta da pilastri, da travi di collegamento e di controventatura e da putrelle prefabbricate, di dimensioni regolari. Le putrelle servono a fissare i rivestimenti interni ed esterni del muro. Questi rivestimenti, fatti in cemento strollato, sono realizzati secondo il principio seguente: si stende sulle putrelle che uniscono gli elementi principali dell'ossatura, una rete metallica spiegata (una specie di griglia) sulla quale si spruzza della malta; questa rete metallica serve sia da cassero perso che da armatura. Il muro sud è interamente costituito da quest'ossatura in cemento armato su cui sono tese le membrane interne ed esterne, veli sottili di 4 cm di spessore che formano due superfici curve, non parallele. Si può immaginare questa costruzione come uno scheletro su cui è tesa, all'interno e all'esterno, una «pelle». Questo muro ha una larghezza alla base di 3 m e 70 verso ovest, decrescendo fino a 1 m e 40 verso est; la sua larghezza in cima è di 50 cm. Il principio di costruzione utilizzato per il muro sud, che si basa su questa ossatura di calcestruzzo, lascia ogni libertà all'architetto quanto alla sua forma, alla sua curvatura, alla sua inclinazione, al suo spessore. Questo non è più un supporto ma un involucro. Le pietre di recupero, usate per la muratura dei muri ovest, est e nord, lo sono anche

Struktur der Südmauer und die Dachhaut in
Rohbeton

La struttura del muro sud e la vela della
copertura in calcestruzzo a vista

etwas anzufangen. Es herrschte Unverständnis, Befremden, Furcht vor diesem etwas seltsamen Objekt, das keinen Bezug auf traditionelle Sakralbauten nahm. Opposition kam sodann auch von Seiten der regionalen Behörden, die sich dem Baubeginn widersetzten, was Eugène Claudius-Petit, den Minister für Wiederaufbau und Freund Le Corbusiers schließlich zum Eingreifen veranlaßte; er bekundete der Kommission für sakrale Kunst seine Unterstützung. Und kaum verhohlene Feindseligkeit herrschte bei einer Fraktion der Diözesangeistlichen, die sich in bezug auf die Finanzierung des Projekts ausgesprochen zögerlich verhielt. (30)

Und schließlich regte sich auch während der Ausführung und nach Abschluß der Arbeiten Opposition in der Presse, die in eine wahre Hetzkampagne gegen das Projekt mündete: In verschiedenen Artikeln wurde die Kapelle unter anderem als «geistliche Garage», «Pantoffel», «Bunker», «Atomschutzbunker», «Betonhaufen» und anderes mehr bezeichnet. In seinem Tagebuch notierte Pater Bolle-Reddat, Kaplan von Notre-Dame-du-Haut, einige Jahre später: «Wird wohl eines Tages jemand beschreiben können, unter welchen Schwierigkeiten diese Kapelle zustande kam, welche Kämpfe an allen Fronten geführt werden mußten, auf welchem, manchmal geradezu widerwärtigen Boden diese anmutige Blume gediehen ist? Ein wahres Wunder!» (31) Die Angriffe richteten sich sowohl gegen Le Corbusier persönlich wie auch gegen seine Architektur, aber diese Art Reaktion seitens seiner Umgebung war er bereits gewöhnt. «Kein Architekt hat jemals mit derartiger Kraft die Revolution der Architektur verkörpert, denn niemand ist so lange und so ausdauernd beschimpft worden! …» bemerkte Malraux später einmal. (32) In seinen Texten über die Kapelle von Ronchamp nahm Le Corbusier ebenfalls auf diese Angriffe Bezug: «Ich hatte nicht eine Minute die Absicht, Befremden hervorzurufen. Meine Vorbereitung darauf? Ein Mitge-

per la costruzione della base delle torri fino alle calotte che, esse, sono realizzate in calcestruzzo.

Le tre torri che ospitano le cappelle secondarie sono indipendenti dai muri. Le loro masse esercitano sul suolo una spinta più forte dei muri, e ne sono divise da giunti di dilatazione; questo per evitare i cedimenti che potrebbero provocare fessure nella muratura. La massa di una torre è così separata da quella di un muro adiacente attraverso un vuoto nella muratura, dalle fondazioni fino in cima.

La parte più notevole e più originale di questa costruzione, e anche la più sorprendente, è senza dubbio la copertura che forma il tetto della cappella. Essa è composta da due membrane parallele, immaginate secondo il principio di un'ala di aereo, e separate l'una dall'altra da un vuoto di 2 m 26 che corrisponde al Modulor. I due veli in cemento armato hanno ciascuno uno spessore di 6 cm. Questo guscio è formato da un'armatura identica a quella di un'ala d'aereo, costituita da sette travi piatte collegate tra di loro con delle centine. L'articolazione del velo inferiore del tetto sugli elementi portanti avviene attraverso uno snodo, elemento metallico che unisce l'ossatura metallica del pilastro a quella della capriata. Il tetto poggia sugli elementi portanti all'altezza di ogni trave, in punti distribuiti sulle pareti interne dei muri sud, est e nord. A ovest il tetto poggia sul filo superiore del muro e a est, lo sbalzo poggia sull'estremità della sporgenza del muro sud e sul pilastro esterno.

Il materiale

Rievocando il processo di creazione del progetto, Le Corbusier spiega:

fühl für andere, für Unbekannt, und ein Leben, das unter den Härten des Daseins verstrich, den Bösartigkeiten, dem Egoismus, der Niedertracht, der Vulgarität, aber auch viel Freundlichkeit, Güte, Mut, Elan …» (33)

Konstruktionsprinzipien

Le Corbusier fällte den grundsätzlichen Entscheid über den Bauplan schon bei den ersten Kontakten mit dem Gelände. In seinen Notizen zu Ronchamp schrieb er: «Juni 1950 … ich nehme mir drei Stunden Zeit, um das Gelände und die Horizonte kennenzulernen … Da steht die von den Artilleriegeschossen durchlöcherte alte Kapelle … Ich stelle Fragen zu den lokalen Bedingungen, und ich sehe, daß es keine Straße (keine Zufahrt), keine Transporte gibt, und folglich werde ich Zement und Sand in Säcken und vielleicht Bruchsteine der Kapelle mit dem zerschossenen Dach gebrauchen; vermutlich lassen sich die verwitterten und zertrümmerten Bruchsteine höchstens als Füllmaterial, aber nicht als Träger verwenden. Eine Vorstellung verdeutlicht sich: hier, unter solchen Bedingungen, auf dem Gipfel eines freistehenden Berges, ein einziger Berufsstand, eine homogene Mannschaft, eine kunstvolle Technik, Menschen hier oben, frei und Herr ihrer Arbeit!» (34) Während er also beschloß, sämtliche Arbeiten mit einer einzigen Mannschaft auszuführen, entschied er gleichzeitig über die Materialwahl, wie sie ihm die lokalen Bedingungen vorgaben: Sand und Zement, das heißt Beton.

Die Ausführung erfolgte ausgehend von einem Bauskelett aus Stahlbetonpfosten, denen die Dachschale aufgesetzt wurde. Die Auffüllung der West-, Ost- und Nordmauer besteht aus Bruchsteinen der zerstörten Kapelle. Der Bau ruht auf ein Meter dicken Fundamenten, entweder in Form von Sohlen für die Trägerpfosten oder von Entwässerungsgräben für die mit Bruchstein gefüllten Mauern. Das Skelett der Südmauer setzt sich aus

«Un'ispirazione improvvisa, totale! dopo, bisogna far passare il lirismo nei materiali, curvarli, piegarli al servizio del disegno» (35). Sono le condizioni della costruzione che hanno, in primo luogo, determinato la scelta del cemento armato. Tanto gli imperativi finanziari (il calcestruzzo è un materiale economico) quanto le difficoltà di trasporto e di approvvigionamento in cima alla collina hanno imposto questa scelta. Il programma della cappella, che lascia all'architetto una libertà quasi totale, gli permette di sfruttare al massimo le risorse tecniche del materiale e di giocare con la sua plasticità per creare le tanto caratteristiche forme scultoree della cappella: «le tecniche sono il piatto del lirismo» si compiace di affermare Le Corbusier.

Le possibilità del materiale sono esplorate sia nel trattamento delle forme – guscio della copertura e superfici curve dei muri – sia nella struttura della materia, calcestruzzo a vista e calcestruzzo spruzzato. I due procedimenti utilizzati, oltre a contribuire all'affermazione di un linguaggio plastico, mettono in evidenza i caratteri dominanti della costruzione, vi accentuano i contrasti tra le forme e ne sottolineano tutta la dualità. La tecnica del calcestruzzo a vista è qui messa in opera con cura; sono impiegati vari metodi di casseratura, ed ognuno corrisponde ad elementi particolari dell'edificio. L'architetto ne trae degli effetti plastici, scegliendo di utilizzare le impronte delle assi del legno, le venature, le linee di giuntura, per sottolineare la forza di una massa (il tetto), accentuare il carattere di un elemento (il pulpito), isolare un oggetto scultoreo (la cisterna).

Così, oltre alla libertà d'espressione formale che il cemento armato consente, l'architetto crea degli effetti che variano il suo aspetto, mettendone in rilievo la

Pfeilern, Verbindungsbalken und Querversteifungen sowie vorfabrizierten Metallträgern in regelmäßigen Größen zusammen. Die Metallträger dienen als Befestigung für die innere und äußere Mauerhülle, die aus Spritzzement nach dem folgenden Prinzip gefertigt sind: Man spannte auf die Metallträger, die die Hauptelemente des Bauskeletts verbinden, ein Lattengeflecht aus Streckmetall (eine Art Gitter) und bespritzte es mittels einer Zementkanone mit Mörtel; dieses Lattengeflecht aus Metall diente dabei gleichzeitig als verlorene Schalung und als Armierung. Die Südmauer besteht allein aus diesem Stahlbetonskelett, über das innen und außen je eine Membran gespannt ist: zwei dünne Betonwände mit einem Durchmesser von 4 Zentimetern, die als zwei nicht parallele Flächen im Raum stehen. Man kann sich diese Konstruktion wie ein Knochengerüst vorstellen, das innen und außen mit einer «Haut» überzogen ist. Sie weist an der Basis im Westen eine Breite von 3,70 Metern auf und verjüngt sich gegen Osten auf 1,40 Meter. Ganz oben ist sie nur noch 50 Zentimeter dick. Das auf diesem Betonskelett beruhende Konstruktionsprinzip der Südmauer ließ Le Corbusier völlig freie Hand, was deren Gestalt, Krümmung, Neigung und Durchmesser angeht. Diese Mauer trägt nicht mehr, sie ist Hülle. Bruchsteine, wie sie für die Mauern im Westen, Osten und Norden verwendet wurden, kamen auch bei der Konstruktion der Türme zum Einsatz, und zwar vom Fundament bis hinauf zu den Kalotten, die ihrerseits in Beton ausgeführt sind.

Die drei Türme, die die Seitenkapellen beherbergen, sind von den Mauern unabhängig. Ihre Baumasse übt einen stärkeren Druck auf den Boden aus als jene der Mauern. Sie sind deshalb durch Trennfugen von den Mauern losgelöst, um ein Absenken zu verhindern, das Risse im Mauerwerk zur Folge haben könnte. Turmmasse und angrenzende Mauermasse sind also durch einen Hohlraum im Mauerwerk voneinander getrennt,

trama, la sua rudezza, il suo «brutalismo» e dandogli qui la sua patente di nobiltà: «ho utilizzato del calcestruzzo grezzo. Risultato: una fedeltà totale, un'esattezza perfetta nell'adesione allo stampo; il calcestruzzo è un materiale che non inganna; esso sostituisce, sopprime l'intonaco che tradisce; il calcestruzzo grezzo dice: io sono del calcestruzzo» (36).

Per le pareti interne ed esterne delle facciate e delle torri, viene usato del calcestruzzo spruzzato e ricoperto di gunite, cosparsa di latte di calce. L'aspetto di «pelle» che dà la grana dell'intonaco bianco contrasta con l'aspetto forte dei volumi lasciati in calcestruzzo a vista. E' il bianco del latte di calce che dà all'edificio questo carattere «di esotismo» che aveva notato la commissione di arte sacra al momento della presentazione del modellino e che non manca di dargli quell'aspetto di «mediterraneità» spesso notato. A partire dal periodo dei viaggi iniziatici, in occasione del famoso «viaggio utile» verso l'Oriente, l'architetto mostra il suo entusiasmo per la «franchezza» del latte di calce: «... il volume delle cose vi appare in modo netto; il colore delle cose vi è categorico. Il bianco di calce è assoluto, tutto vi risalta, vi si scrive assolutamente, nero su bianco: è franco e leale» (37).

L'architetto si diverte anche a giocare col caso provocato dai lavori in cantiere. Un aneddoto è rivelatore a questo proposito: uno degli ecclesiastici, membro della commissione di arte sacra, aveva manifestato il desiderio di vedere la statua della Vergine, nel muro est, circondata di stelle; presente in cantiere al momento in cui erano stati tolti i puntelli che sostenevano l'impalcatura del muro, Le Corbusier decide di conservare alcune delle aperture lasciate nella parete: «guar-

und dieser zieht sich vom Fundament bis zum höchsten Punkt.

Der auffallendste, originellste und auch verblüffendste Teil der ganzen Konstruktion ist aber zweifellos die Abdeckung, die das Dach der Kapelle bildet. Sie besteht aus zwei parallelen Membranen, die dem Prinzip eines Flugzeugflügels nachempfunden und voneinander durch einen 2,26 Meter breiten – und damit dem Modulor entsprechenden – Hohlraum getrennt sind. Die beiden Hüllen aus Stahlbeton weisen je eine Dicke von 6 Zentimetern auf. Die Armatur dieser «Schale» entspricht der eines Flugzeugflügels und besteht aus sieben flachen Trägern, die untereinander durch Rippen verbunden sind. Die Verbindung der unteren Dachschicht mit den Trägerelementen erfolgt über ein Kugelscharnier, ein Metallelement, das als Gelenk zwischen dem Metallskelett des Pfeilers und jenem des Dachbinders dient. Das Dach ruht auf den tragenden Elementen auf Höhe der einzelnen Träger, wobei die Auflagepunkte auf die Innenwand der Süd-, Ost- und Nordmauer verteilt sind. Im Westen stützt sich das Dach auf die obere Abgleichung, und im Osten ruht das Vordach auf dem äußersten Punkt der vorspringenden Südmauer sowie auf dem Pfeiler im Außenchor.

Material

Im Rückblick auf den Schaffensprozeß erklärte Le Corbusier: «Eine unmittelbare, totale Inspiration! Danach galt es, Lyrik in die Materialien einzubringen, sie im Dienste des Vorhabens zu biegen, zu beugen.» (35) Die Entscheidung zur Verwendung von Stahlbeton stand in erster Linie unter dem Diktat der Konstruktionsbedingungen. Die finanziellen Zwänge (Beton ist ein preisgünstiges Material) haben diese Wahl ebenso beeinflußt wie die Transport- und Anlieferungsprobleme auf den Gipfel des Hügels. Dagegen ließ das Programm Le Corbusier fast völlige Freiheit, was ihm erlaubte, die

date! avete le vostre stelle, eccole!» esclama tracciando su di una pagina di taccuino delle croci indicanti le aperture da cui passeranno i raggi luminosi per creare questa corona di luce.

technischen Möglichkeiten des Materials maximal auszuschöpfen, mit seiner Plastizität zu spielen, um die so besonderen skulpturalen Formen der Kapelle zu schaffen. «Die technischen Verfahren sind die Grundlage der Lyrik», pflegte er zu sagen.

Er erkundete die Möglichkeiten des Materials sowohl hinsichtlich der Behandlung der Formen – Dachschale und schief im Raum stehende Mauern – als auch hinsichtlich der Beschaffenheit der Materie – schalungsrauher Beton und Spritzbeton aus der Zementkanone. Die beiden Verfahren, die er nutzte, betonen nicht nur die plastische Sprache, sie heben auch die vorherrschenden Konstruktionsmerkmale hervor, akzentuieren die Gegensätze zwischen den Formen und unterstreichen dadurch insgesamt die Dualität. Das Anwendungsverfahren für schalungsrauhen Beton wurde hier peinlich genau umgesetzt; mehrere Schalungsmethoden kamen zum Einsatz, die jeweils bestimmten Gebäudeteilen entsprachen. Le Corbusier holte plastische Effekte heraus, indem er die Abdrücke der Holzbretter, Maserung und Nahtstellen wahlweise einsetzte, um die Kraft einer Masse (Dach) zu unterstreichen, den Charakter eines Elementes zu akzentuieren (Kanzel) oder ein skulpturales Objekt zu individualisieren (Wasserbecken).

Durch den Rohbeton gewann Le Corbusier nicht nur die Freiheit des formalen Ausdrucks; er konnte damit auch unterschiedliche Effekte in der äußeren Erscheinung des Materials erzielen, indem er seine Textur, seine Rohheit, seine «Brutalität» zur Wirkung brachte und ihn damit gewissermaßen nobilitierte: «Ich habe Rohbeton verwendet. Ergebnis: eine totale Treue, eine perfekte Entsprechung des Modells; Beton ist ein Material, das nicht betrügt; er ersetzt, er schafft den verräterischen Verputz ab; der Rohbeton sagt: ich bin aus Beton.» (36)

Für die Wände der Fassaden und Türme wurde innen und außen Spritzbeton aus der Zementkanone verwendet, mit Gunnit verschalt und zuletzt mit Kalkmilch übertüncht. Das «Hautartige», an das die körnige Struktur des weißen Verputzes erinnert, steht im Gegensatz zu den kraftvollen Baukörpern, die schalungsfrei belassen wurden, etwa dem Dach. Es ist dieses Weiß der Kalkmilch, das dem Bauwerk den Hauch von «Exotik» verleiht, den die Kommission für sakrale Kunst bemängelte, als ihr das Modell vorgelegt wurde, und das der Kapelle auch jenen «mediterranen» Charakter gibt, von dem so oft die Rede ist. Von seinen ersten Reisen an, anläßlich der berühmten «voyage utile» – nützlichen Reise – in den Orient, hat Le Corbusier keinen Hehl aus seiner Begeisterung für die «Frische» der Kalkmilch gemacht: «... das Volumen der Dinge erscheint dort klar und deutlich. Die Farbe der Dinge ist dort kategorisch. Das Weiß des Kalks ist absolut, alles hebt sich davon ab, schreibt sich darauf absolut ein, schwarz auf weiß: das ist offen und ehrlich.» (37)

Le Corbusier fand zudem Gefallen daran, Zufälligkeiten zu nutzen, die sich bei der Umsetzung des Projekts auf der Baustelle ergaben. Hierzu gibt es eine vielsagende Anekdote: Einer der Geistlichen, ein Mitglied der Kommission für sakrale Kunst, hatte den Wunsch geäußert, das Marienbildnis in der Ostmauer im Sternenkranz zu sehen. Le Corbusier, der auf der Baustelle anwesend war, als die Stützbalken für das Baugerüst von der Mauer entfernt wurden, beschloß daraufhin kurzerhand, ein paar der in der Mauer zurückgebliebenen Löcher offen zu lassen: «Hier! Da haben Sie Ihre Sterne! Da sind sie!» rief er und warf ein paar Kreuze für die Öffnungen auf eine Heftseite, durch die das Licht einfallen konnte, um diese Lichterkrone zu bilden.

Der Kontrast zwischen dem weißen Verputz und dem Rohbeton

Il contrasto tra intonaco bianco e calcestruzzo grezzo

Ausschnitt der Öffnungen in der Südmauer

Particolare degli alveoli del muro sud

Südmauer mit Kalkmilchverputz und Dach in Rohbeton

Il muro sud, intonacato e ricoperto di bianco di calce, e la copertura in calcestruzzo a vista

Ein Gesamtkunstwerk
Un'opera «d'arte totale»

In den Texten, die Le Corbusier für Notre-Dame-du-Haut schrieb, definierte er die Kapelle wie folgt: «Ja, Architektur allein. Denn die Architektur ist die Synthese der großen Künste. Die Architektur ist Formen, Volumen, Farbe, Akustik, Musik.» (1) Diese Aussage faßt die synthetische Gestaltung zusammen, für die Le Corbusier immer dann eintrat, wenn die Architektur Ausdruckswerk, einzigartiges Werk sein konnte, wie dies bei einem Sakralbau der Fall ist. Da ihm der Auftrag völlig freie Hand ließ, war es ihm in Ronchamp mehr als bei jedem anderen Projekt möglich, eine Idee Gestalt annehmen zu lassen, die er seit den dreißiger Jahren mit sich herumgetragen und im Laufe von Tagungen und in Schriften bis zu Beginn der fünfziger Jahre weiterentwickelt hatte: jene der Architektur als Synthese der Künste. (2) Das Thema taucht in seinen theoretischen Arbeiten wiederholt auf, und er hat den Begriff unter ganz verschiedenen Blickwinkeln betrachtet. Ein Ansatz bestand darin, ein Kunstwerk in die Architektur zu integrieren – dann sollte das Kunstwerk mit dieser einen echten Dialog aufnehmen, sozusagen als plastisches Ereignis im architektonischen Ereignis –, ein anderer in der Verschmelzung der großen Künste im Baukunstwerk selbst – wobei es laut Le Corbusier zu einer außergewöhnlichen Begegnung zwischen dem Erbauer und den Bildhauern kommt, die das ganze Werk gemeinsam planen (er sprach von Zusammenarbeit der Künste). Und schließlich blieb noch die Möglichkeit, die Synthese der Künste schon im Planungsstadium des Projekts zum Tragen kommen zu lassen.

Der Architekt muß laut Le Corbusier als Erbauer, aber auch als Bildhauer und Maler denken, denn die plastischen Formen und die Polychromie waren für ihn ebenso feste Bestandteile der Architektur wie die konstruktiven Elemente: «Der Architekt

Nei testi che scrive per Notre-Dame-du-Haut, Le Corbusier dà questa definizione della cappella: «sì, solo dell'architettura. Perché l'architettura è la sintesi delle arti maggiori. L'architettura è forme, volumi, colore, acustica, musica» (1). Questa formulazione esprime il concetto sintetico che egli difende quando l'architettura può essere opera di espressione, opera unica, com'è il caso per un edificio di culto. La totale libertà che gli è concessa al momento dell'incarico gli permette, più che in ogni altro progetto, di materializzare un'idea che egli fa sua sin dagli anni trenta e che sviluppa attraverso conferenze e scritti, fino all'inizio degli anni cinquanta: quella dell'architettura considerata come luogo della sintesi delle arti (2). Questo tema, ricorrente nella ricerca lecorbusiana, lo porta a considerare tale concetto sotto diverse angolazioni: quella dell'integrazione di un'opera d'arte all'architettura – e allora l'opera deve instaurare un vero dialogo con essa, essa è un evento plastico in un evento architettonico –; quella di una fusione delle arti maggiori in seno all'edificio architettonico – e allora può verificarsi un incontro, eccezionale secondo lui, tra il costruttore e gli artisti che concepiscono insieme l'opera globale (parla di collaborazione delle arti) –; quella infine della sua applicazione allo stadio stesso del concepimento del progetto.

L'architetto deve, secondo Le Corbusier, pensare da costruttore, ma anche da scultore e da pittore, poiché le forme plastiche e la policromia sono elementi dell'architettura tanto quanto lo sono gli elementi costruttivi: «L'architetto deve essere assolutamente scultore», dichiara durante il suo intervento al CIAM di Bergamo, nel 1949. «Non necessariamente un pratico di cose plastiche, ma deve avere un polo ricevente e trasmittente di tutte le cose delle arti plastiche.

muß voll und ganz plastischer Künstler sein», erklärte er 1949 anläßlich seiner Rede am CIAM in Bergamo. «Nicht unbedingt ein Praktiker der Bildhauerei, aber er muß eine Antenne in sich tragen, die alle Elemente der bildenden Kunst aufnimmt und reflektiert. Der Bildhauer muß in jeder Linie zum Ausdruck kommen, in jedem Volumen und in jeder Oberfläche, die er festlegt.» (3) Der Architekt war für ihn der unangefochtene Baumeister, der Räume und Baukörper anordnet, das Licht reguliert und die Farben verteilt: «Mir scheint, die Polychromie müsse ein Werk des Architekten sein, so unauflöslich ist sie mit der eigentlichen Komposition des Bauwerks verbunden.» (4) Die Vorstellung von Synthese, wie sie Le Corbusier vertrat, entsprach seiner eigenen Auffassung des schöpferischen Schaffensprozesses, und er verstand sein plastisches Werk – vor allem aber die Malerei – als Labor für seine architektonischen Recherchen. (5)

Anhand eines Werks wie der Kapelle von Ronchamp konnte Le Corbusier außerdem einen wesentlichen Grundsatz der Mission, mit der er sich selbst betraut hatte, in die Tat umsetzen: «Aus einem gebauten Werk (Architektur) Gegenwärtigkeiten auftauchen lassen, die Empfindungen auslösen, grundlegende Faktoren des poetischen Phänomens. Also grundsätzlich und ausschließlich aus der gleichzeitigen Anwesenheit von Architektur, Malerei und Bildhauerei sich ergebend und durch die Harmonie, die Disziplin und die Intensität unauflöslich miteinander verbunden.» (6) Volumen, Licht, Farbe, Materialien geben dem plastischen und «symphonischen» Spiel Ausdruck und verwandeln das architektonische Werk in ein Gesamtkunstwerk. Wie aber kann die Architektur eine Poesie des Raums ausdrücken und bei all jenen Empfindung auslösen, die sie erfassen, sie wahrnehmen, sie nutzen?

E bisogna che lo scultore si manifesti in ogni linea, in ogni volume e in ogni superficie che stabilisce» (3). L'architetto è allora il direttore dei lavori incontestato che ordina gli spazi e i volumi, regola la luce, distribuisce i colori: «la policromia deve essere, mi sembra, opera dell'architetto in quanto è indissociabile dall'idea stessa di un fabbricato» (4). Questa idea di sintesi che Le Corbusier sostiene, corrisponde alla sua stessa concezione della creazione ed egli vede nella sua produzione plastica, in particolare nella sua pittura, il laboratorio delle sue ricerche architettoniche (5).

Inoltre, attraverso un'opera come Ronchamp, egli può materializzare un'idea fondamentale della missione che si prefissa: «fare scaturire da un'opera costruita (architettura) delle presenze provocatrici di emozioni, fattori essenziali del fenomeno poetico. Quindi che risultano essenzialmente ed esclusivamente dalla presenza comune dell'architettura, della pittura e della scultura unite indissolubilmente dall'armonia, la disciplina e l'intensità.» (6). Volumi, luci, colori, materiali esprimono il gioco plastico e «sinfonico» e fanno dell'opera architettonica un'opera d'arte totale. Come può l'architettura esprimere una poetica dello spazio e provocare un'emozione in chi l'apprende, la percepisce, l'utilizza?

Sin dai suoi primi testi sull'architettura, pubblicati nella rivista l'Esprit Nouveau nel 1920, poi nell'opera «Vers une architecture» nel 1923, Le Corbusier si dedica a questa problematica, secondo lui, fondamentale. Questo «messaggio» che l'architetto propaga nel periodo eroico del movimento moderno, all'inizio degli anni venti, egli non cesserà di metterlo in pratica, nel corso della sua produzione. Il suo testo inizia così: «l'architetto, attraverso la disposizione delle forme, realizza

Seit seinen ersten Texten über Architektur, die er 1920 zuerst in der Zeitschrift «L'Esprit Nouveau» und dann 1923 in seinem Werk «Vers une architecture» – «Ausblick auf eine Architektur» – veröffentlichte, hat Le Corbusier diese seine, wie er sagte, größte Sorge beschäftigt. Und er gab nicht auf, bis er die «Botschaft», die er Anfang der zwanziger Jahre in der heroischen Phase der Moderne verkündet hatte, im Laufe seines Schaffens in die Tat umsetzen konnte. Sein Text beginnt wie folgt: «Der Architekt verwirklicht durch seine Handhabung der Formen eine Ordnung, die reine Schöpfung seines Geistes ist; mittels der Formen rührt er intensiv an unsere Sinne und erweckt unser Gefühl für die Gestaltung; die Zusammenhänge, die er herstellt, rufen in uns tiefen Widerhall hervor, er zeigt uns den Maßstab für eine Ordnung, die man als im Einklang mit der Weltordnung empfindet, er bestimmt mannigfache Bewegungen unseres Geistes und unseres Herzens: so wird die Schönheit uns Erlebnis.» (7)

Skulpturale und «akustische» Formen

Als Le Corbusier den Bau als «Kapelle aus ehrlichem Beton, mit Mut und Kühnheit geformt» beschrieb und präzisierte, das Ziel habe darin bestanden, «Lyrik in die Materialien einzubringen, sie im Dienste des Vorhabens zu biegen, zu beugen», sprach er als Bildhauer. Er formte das Material, um organische Formen zu modellieren, wie man es in der bildenden Kunst tut. Er nutzte die dem Beton innewohnenden Möglichkeiten zur Komposition eines Ausdruckswerks und schuf, ausgehend von den Umsetzungen, die dieses Material ihm erlaubte (konkave Mauern, krumme und schief stehende Flächen, doppelt gewölbte dünne Wände), ein Bauwerk, das an eine Skulptur erinnert.

un ordine che è una pura creazione del suo spirito; attraverso le forme, colpisce intensamente i nostri sensi, provocando delle emozioni plastiche; con i rapporti che crea, risveglia in noi delle risonanze profonde, ci dà la misura di un ordine che sentiamo in accordo con quello del mondo, determina vari movimenti del nostro spirito e del nostro cuore; è allora che noi sentiamo la bellezza» (7).

Forme scultoree e «acustiche»

Quando Le Corbusier presenta l'edificio come una «cappella di calcestruzzo leale, impastato di coraggio e di temerarietà», affermando che lo scopo è di «far passare il lirismo nei materiali, (di) curvarli, di piegarli al servizio del disegno», si esprime da scultore. Modella i materiali per comporre delle forme organiche, come lo farebbe uno scultore. Sfrutta le risorse offerte dal calcestruzzo per fare opera d'espressione e creare, a partire dalle realizzazioni che questo materiale permette (muri concavi, superfici sghembe, veli a doppia curvatura) un'opera che sia simile ad un'opera scultorea.

Le Corbusier parla della cappella come di un'«opera di plasticità, di plasticità acustica», precisando: «È una specie di scultura di natura acustica, e cioè che proietta lontano l'effetto delle sue forme e riceve in cambio la pressione degli spazi circostanti» (8). La reazione quasi immediata dell'architetto, durante i suoi primi contatti con il luogo, è stata (come spiegato precedentemente) quella di dare una «risposta agli orizzonti» e di tracciare una pianta che mostrasse questo rapporto con il paesaggio intorno. Così i muri sud e est sono concepiti come dei «riceventi» e dei «trasmittenti», le cui superfici sghembe ricordano inoltre la forma degli schermi utilizzati per captare le onde. Queste forme sono familiari

Er nannte die Kapelle ein «Werk der Plastik, der akustischen Plastik» und präzisierte: «Es ist eine Art Skulptur akustischer Natur, das heißt, sie strahlt die Wirkung ihrer Formen weit in die Ferne aus und bekommt dafür den Druck der benachbarten Räume zurück». (8) Als Le Corbusier das Baugelände zum ersten Mal aufsuchte, bestand seine beinahe unmittelbare Reaktion (wie bereits erwähnt) in einer «Antwort auf die Horizonte» und dem Entwurf für einen Grundriß, der diese Beziehung zur Landschaft rundum anschaulich macht. So sind die Mauern im Süden und Osten als «Rezeptoren» und «Emittoren» gestaltet, deren Flächen im freien Raum überdies an Bildschirme erinnern, wie man sie zum Einfangen von Radiowellen gebraucht. Diese Formen waren Le Corbusier vertraut; sie tauchten bereits rund zehn Jahre zuvor in seinem Repertoire auf. Damals verwendete er sie für seine – wie er sie nannte – akustischen Skulpturen, die er im Pyrenäen-Dörfchen Ozon realisierte, wo er Anfang der vierziger Jahre wohnte. Zum Phänomen der akustischen Formen äußerte er sich in einem Artikel mit dem Titel «Espace indicible» – «Unfaßbarkeit des Raumes» wie folgt: «Wirkung des Werks (Architektur, Statue oder Gemälde) auf die Umgebung: Wellen, Schreie oder Gebrüll (der Parthenon auf der Akropolis), Züge, die wie Strahlen herausströmen (…); das Gelände, nah oder fern, wird davon erschüttert, beherrscht oder liebkost (…). Die ganze Atmosphäre lastet auf diesem Ort, an dem sich ein Kunstwerk befindet, Zeichen eines menschlichen Willens, drückt ihm ihre Tiefen oder ihre Geistesblitze auf, ihre harte oder weiche Beschaffenheit, ihre Gewalt oder ihre Sanftheit. Ein Phänomen der Übereinstimmung tritt zutage, exakt wie eine Mathematik – wahhaftige Manifestation plastischer Akustik (…)» (9) «Phänomen der Übereinstimmung», ohne Zweifel, zwischen der Kapelle und der Landschaft rundum,

all'architetto ed appartengono al suo repertorio già da una decina d'anni, quando le utilizza in sculture che egli definisce acustiche, realizzate a Ozon, piccolo paese dei Pirenei dove risiede agli inizi degli anni quaranta. A proposito di questo fenomeno delle forme acustiche, in un articolo intitolato «espace indicibile», egli spiega: «azione dell'opera (architettura, statua o pittura) sullo spazio circostante: onde, grida o clamori (il Partenone sull'Acropoli), tratti zampillanti come per un irradiamento (…); il luogo, vicino o lontano, ne è scosso, dominato o accarezzato (…) Tutta l'atmosfera viene a pesare su questo luogo dove c'è un'opera d'arte, segno di una volontà dell'uomo, gli impone i suoi incavi o i suoi aggetti, le sue densità dure o morbide, le sue violenze o le sue dolcezze. Si manifesta un fenomeno di concordanza, esatto come una matematica – vera manifestazione di acustica plastica –» (9). «Fenomeno di concordanza», certo, tra la cappella e il paesaggio circostante, «manifestazione di acustica plastica» nelle sue forme scultoree. Dal viaggio in Oriente del 1911, lo choc dell'Acropoli gli rivela la forza del rapporto tra l'architettura e il luogo; nota che i templi sono la «ragione del paesaggio», intendendo con questo che i templi, creazione dell'uomo, segnano con la loro presenza l'insieme del posto; la forma geometrica del tempio, opera di cultura, riordina la natura, riunisce le linee del paesaggio, «lo assoggetta», gli dà una «ragione». Più tardi, quando impiega il termine di «acustica plastica» a proposito della cappella, applica questa idea di un rapporto radicale col luogo, a cui l'architettura dà una struttura. La costruzione riunisce le linee delle colline circostanti, raccoglie intorno a sé gli orizzonti, dà una nuova esistenza a questo luogo che viene qualificato, ridefinito, instaurando un dialogo tra le forme e il paesaggio:

«Manifestation plastischer Akustik» in ihren skulpturalen Formen. Anläßlich seiner Orientreise im Jahre 1911 führte ihm die Akropolis auf drastische Weise die kraftvolle Beziehung zwischen Architektur und Gelände vor Augen. Le Corbusier bemerkte, die Tempel seien «der Sinn des Geländes». Er meinte damit, daß die Tempel, eine Schöpfung des Menschen, durch ihre Anwesenheit das gesamte Gelände prägen: Die geometrische Form des Tempels, eines kulturellen Werks, ordnet die Natur, faßt die Linien der Landschaft zusammen, «unterwirft sie», gibt ihr einen «Sinn». Indem Le Corbusier den Ausdruck «plastische Akustik» später auf die Kapelle von Ronchamp anwendete, hat er diese radikale Vorstellung der Architektur, die das Gelände strukturieren soll, auf sie übertragen. Das Bauwerk zieht die Linien der Hügel rundum zusammen, versammelt die Horizonte um sich und verleiht dem Ort eine neue Existenz, die ihn prägt und neu definiert, indem es einen Dialog zwischen den Formen und der Landschaft einführt: «Anläßlich der Wirkung einer Architektur in einer bestimmten Landschaft werde ich zeigen, daß auch hier das Außen immer ein Innen ist», verkündete Le Corbusier.

Baukörper unter dem Licht

Anläßlich einer Konferenz in Rom 1936 nahm Le Corbusier die bereits berühmt gewordene Formel wieder auf, mit der er die erste seiner 1920 ausgesprochenen und in seinem «Ausblick auf eine Architektur» veröffentlichten «Drei Mahnungen an die Herren Architekten» eingeleitet hatte: «Architektur ist das kunstvolle, korrekte und großartige Spiel der unter dem Licht versammelten Baukörper.» Den Begriff Spiel kommentierte er ausführlich und erklärte: «Der Begriff Spiel setzte die Tatsache einer unbegrenzten persönlichen Einmischung voraus, weil das Spiel bei al-

«considerando l'effetto di un'architettura in un luogo, mostrerò qui che il fuori è sempre un dentro» egli afferma.

Volumi sotto la luce

In una conferenza tenuta a Roma nel 1936, Le Corbusier riprende l'ormai celebre formula che introduce il primo dei suoi «tre richiami ai signori architetti», lanciati nel 1920 e pubblicati in «Vers une architecture»: «l'architettura è il gioco sapiente, corretto e magnifico dei volumi assemblati sotto la luce...». Egli commenta a lungo questa nozione di gioco e spiega: «la nozione di gioco implicava dunque un intervento personale illimitato, poiché il gioco deve essere giocato da ogni persona in presenza dell'oggetto. Questa idea di gioco affermava l'esistenza del creatore del gioco, di colui che aveva fissato la regola, che, di conseguenza, aveva iscritto in quest'oggetto un'intenzione formale e distinguibile» (10). Inoltre, il gioco delle forme non è solo divertimento estetico. Non è destinato semplicemente ad essere visto, ma ad essere vissuto; e tale concetto permette di comprendere «l'intenzione architettonica» che evoca. Aggiunge ancora: «intenzione: un uomo da una parte con un'idea in gestazione che esteriorizza destinandola a coloro che guardano, abitano o subiscono, e cioè ancora un uomo, un altro uomo e via di seguito. L'architettura ha dunque bisogno di un linguaggio umano» (11).

Per Le Corbusier, quello che collega i termini del linguaggio tradotto attraverso l'opera architettonica è incontestabilmente la luce: «io uso, ve ne sarete accorti, abbondantemente la luce. La luce è per me il piatto forte dell'architettura. Io compongo con la luce» (12). Le fonti luminose sono distribuite con parsimonia ma la loro disposizione è fon-

len Menschen funktionieren muß, die dem Objekt gegenübertreten. Dieser Begriff Spiel bestätigte die Existenz des Spielgestalters – desjenigen, der die Regeln festgelegt und folglich eine formale und erkennbare Absicht in dieses Objekt eingeschrieben hat.» (10) Auch war für ihn das Spiel der Volumen nicht einfach ein ästhetisches Vergnügen. Es diente nicht nur dazu, gesehen zu werden, sondern sollte auch gelebt werden; diese Vorstellung ermöglicht das Verständnis der «architektonischen Absicht», von der Le Corbusier hier sprach. Er fügte noch hinzu: «Absicht: auf der einen Seite ein Mensch mit einer heranreifenden Idee, die er für jene äußert, die zuschauen, bewohnen oder erfahren, das heißt wieder einen Menschen, einen andern Menschen und so weiter. Die Architektur braucht demnach eine humane Sprache.» (11)

Für Le Corbusier war es unbestritten das Licht, das die mittels des architektonischen Werks übertragenen sprachlichen Begriffe miteinander verbindet: «Ich habe Licht im Überfluß verwendet, das ist Ihnen sicher schon aufgefallen. Das Licht ist für mich die wesentliche Grundlage der Architektur. Ich gestalte mit Licht.» (12) Die Lichtquellen sind zwar sehr sparsam verteilt, aber ihre Anordnung ist im Hinblick auf die Definition der Innenräume von entscheidender Bedeutung. Le Corbusier hat in der Kapelle eine räumliche Szenographie komponiert, die minutiös geregelt ist, in der das Licht mit Formen und Material spielt und dem Raum Leben verleiht, indem es je nach Tages- oder Jahreszeit eine andere Stimmung hervorruft. Das Licht ist das «Material» par excellence, mit dem Le Corbusier komponierte, um je nach Zeitpunkt einen Ort des Halbdunkels oder eindringlicher Helle zu schaffen. Er zähmte das Licht, das zu den am wenigsten greifbaren Materialen überhaupt gehört, um es in das architektonische Spiel

damentale nella definizione dei volumi interni. L'architetto organizza nella cappella una scenografia spaziale, minuziosamente regolata, in cui la luce gioca con le forme e il materiale, anima lo spazio creando un'atmosfera diversa a seconda delle ore della giornata e a seconda dei giorni dell'anno. La luce è il «materiale» per eccellenza col quale egli compone al fine di creare un luogo di penombra o di intensa luminosità, secondo il momento. Questo materiale, tra i più impalpabili, è addomesticato dall'architetto e fatto entrare nel gioco architettonico in cui gli è dato il ruolo principale.

E' infatti la luce che conduce il gioco, qualifica lo spazio e dà alla costruzione la sua dimensione spirituale. Per esempio, è mediante l'accordo delle sorgenti puntiformi di luce che è posto l'accento sul centro vitale dell'edificio, la pietra d'altare, «pietra viva del sacrificio». L'altare maggiore è messo in evidenza a sua volta dall'organizzazione dello spazio – che si dilata e si apre nel suo punto, a est – e dal modo in cui i raggi luminosi penetrano in questo lato della cappella. Infatti, la luce è «regolata» in modo che l'attenzione si porti sul lato in cui si trova l'altare, verso il muro del coro dove sono praticate alcune aperture. In questo punto, essa zampilla sia dai piccoli orifizi disseminati, sia dall'apertura praticata nella parete e dove si staglia la sagoma della statua della Vergine; alcuni raggi luminosi provengono anche dai frangiluce posti sopra alla porta est e dal sottile stacco sotto la copertura. Quando la luminosità è molto viva, al mattino, la luce inonda il coro e accentua la sagoma degli elementi che vi si trovano: altare, croce, candeliere.

Nel lato sud, l'illuminazione della navata è controllata attraverso un preciso calcolo della caduta dei raggi luminosi sulla

einzubeziehen, wo es bei ihm eine herausragende Rolle spielt.

Es ist denn auch tatsächlich das Licht, das das Spiel lenkt, den Raum prägt und dem ganzen Bauwerk seine spirituelle Dimension verleiht. So ist zum Beispiel der Lichteinfall aus den verschiedenen Quellen eigens so ausgerichtet, daß der Hauptakzent auf den vitalen Mittelpunkt – den Altarstein, den «lebendigen Opferstein» – zu liegen kommt. Der Hauptaltar erhält seine Bedeutung sowohl durch die Ausrichtung des Raums, der sich weitet und nach Osten öffnet, wie auch durch die Art und Weise, in der die Lichtstrahlen auf diese Seite der Kapelle treffen. Das Licht wird letztlich so «geregelt», daß sich die Aufmerksamkeit der Richtung zuwendet, in der der Altar steht, gegen die Chorwand, die mit einigen Mauerdurchbrüchen versehen ist. Dort bricht das Licht zugleich durch die kleinen, hingestreuten Schlitze wie auch durch die große, in die Mauer geschlagene Öffnung herein, in der sich die Silhouette der Marienstatue abzeichnet. Lichtstrahlen treten zudem durch die Sonnenblende über dem Ostausgang und durch den schmalen Zwischenraum unter dem Dach ein. Am Morgen, bei sehr starker Helligkeit, durchflutet das Licht den Chor und hebt die Elemente darin – Altar, Kreuz und Kerzenleuchter – silhouettenartig hervor.

Auf der Südseite wird die Beleuchtung des Kirchenschiffs über den exakt berechneten Winkel gesteuert, in dem das Licht auf die Ausschrägungen der wabenartigen Öffnungen trifft. Der Helligkeitsgrad verändert sich je nach dem Stand der Sonne, am intensivsten ist das Licht am frühen Nachmittag. In diesem Umfeld erweist es sich als ausschlaggebender Faktor im Hinblick auf die Modulation des Raums. Weil die Flächen der Verglasung sich ebenso wie die Tiefe und die Ausrichtung der Aus-

strombatura degli alveoli. L'intensità della luce varia in funzione della posizione del sole ed è più viva all'inizio del pomeriggio. Dal momento che la superficie delle vetrate, così come la profondità e la direzione delle strombature, è diversa da un'apertura all'altra, i raggi solari non penetrano con un'intensità uguale, né secondo la stessa angolatura nei diversi punti del muro sud; la luminosità varia così nel corso della giornata e dà tutta la sua ricchezza alla composizione spaziale.

Allo stesso modo, nelle cappelle secondarie la diffusione calcolata della luce naturale, grazie a dei frangiluce, contribuisce alla definizione dei volumi interni. La luce arriva dai pozzi a forma di periscopio, urta contro le lame dei frangiluce che l'attenuano; si proietta sulle pareti granulose dei muri e ricade, smorzata e addolcita, sulle austere pietre d'altare. Le tre torri delle cappelle secondarie ricevono ciascuna un'illuminazione diversa: la grande torre sud-ovest accoglie la luce da nord e di conseguenza ne è illuminata in maniera costante; le due piccole torri gemelle, sul lato nord, orientate una verso est, l'altra verso ovest, ricevono una luminosità che varia in funzione della posizione del sole. Così, i giochi di luce e ombra sulle pareti intonacate e sulla pietra dell'altare si modificano a seconda delle ore. La luce in questo modo infonde una vera vita all'interno dell'edificio.

Il punto in cui il suo ruolo è più strettamente legato alla costruzione dello spazio, è nella fessura lasciata libera sotto la massa del tetto, sopra ai muri est e sud. Questo sottile profilo di luce non è visibile da fuori, ma al contrario all'interno «provoca lo stupore», come si compiace di dire l'architetto. La luce si rivela qui dispensatrice di spazio e amplifica il carattere dinamico delle forme. Questo filo

schräg von Öffnung zu Öffnung unterscheiden, treten die Sonnenstrahlen nicht an allen Stellen der Südmauer mit derselben Intensität und auch nicht im selben Winkel ein; die Helligkeit variiert dadurch je nach Tageszeit und verleiht der Raumkomposition damit ihre ganze Vielfalt.

Ebenso ist die berechnete Streuung des Tageslichts, dank der Sonnenschutzvorrichtung, auch in den Seitenkapellen an der Definition der Baukörper beteiligt. Das Licht tritt durch periskopartige Schächte ein und trifft auf die Lamellen der Sonnenblenden, die es sogleich dämpfen. Es wird auf die körnigen Mauern gelenkt und fällt gemildert und sanfter zurück auf die strengen steinernen Altäre. Alle drei Türme mit den Seitenkapellen werden unterschiedlich beleuchtet: Der hohe Südostturm fängt das Licht von Norden ein und wird deshalb konstant erhellt; dagegen hängt die Helligkeit in den beiden kleinen Zwillingstürmen auf der Nordseite, die gegen Osten beziehungsweise Westen ausgerichtet sind, vom Sonnenstand ab. Auch dort verändert sich deshalb das Spiel der Lichter und Schatten auf den verputzen Mauern und dem Altar je nach Tageszeit. So haucht das Licht dem Kapelleninnern buchstäblich Leben ein, verändert es sich doch im Laufe der Stunden und Tage unablässig.

Die engste Verbindung mit der Raumkonstruktion geht das Licht an der Stelle des Zwischenraums ein, der zwischen dem Dach und der Oberkante der Ost- und der Südmauer freigelassen ist. Dieser Lichtschlitz ist von außen nicht sichtbar, wohl aber von innen. Er «löst Erstaunen aus», wie Le Corbusier so gerne sagte. Das Licht wirkt hier als Raumschöpfer und verstärkt die Dynamik der Formen. Der feine Streifen Tageslicht bildet eine zarte Verbindung zwischen den Baukörpern innen und außen und läßt das Dach noch stärker einem

di luce stabilisce un legame tra i volumi interni ed esterni ed accentua l'aspetto di vela gonfia del guscio del tetto. Senza questo raggio luminoso, la massa della copertura sarebbe schiacciante, quasi opprimente. Ma la concezione della struttura portante permette di liberare questo guscio quasi completamente dai muri posti a sud e a est e questi pochi centimetri di luce trasformano radicalmente lo spazio, così che la copertura sembra «poggiare sull'aria».

L'architetto usa così delle fonti dirette di luce quando si tratta di sottolineare un volume o delle forme, come la copertura del tetto, grazie al profilo di luce, o gli elementi presenti nel coro (altare, croce) grazie alle aperture nel muro est. La luce penetra anche direttamente dalle vetrate del muro sud, ma è attenuata dalla profondità delle strombature e distribuita con parsimonia.

Al contrario, quando vuole illuminare con luce più diffusa alcuni punti dell'edificio, creando un'atmosfera di penombra in alcuni momenti della giornata, egli immagina delle entrate indirette di luce, come le aperture lamellari sopra le porte secondarie, o i frangiluce nelle torri delle cappelle secondarie.

L'organizzazione quasi scenografica dei giochi d'ombra e di luce è la chiave di questa composizione interna ed è generatrice dell'atmosfera di raccoglimento e di spiritualità che regna nell'edificio sacro. Associata al colore, come nella cappella nord illuminata a est, essa crea una vera teatralizzazione dello spazio: «Il problema dell'illuminazione è sempre questo (...): sono dei muri che ricevono una luce, sono dei muri illuminati. L'emozione deriva da quello che vedono gli occhi...» (13).

Südmauer und Eingang zu einer Seitenkapelle

Il muro sud e l'ingresso di una cappella secondaria

geblähten Segel gleichen. Ohne diesen Lichtstreifen wäre die Baumasse der Abdeckung enorm, ja erdrückend. Doch die Trägerkonstruktion ist so konzipiert, daß sie erlaubte, die Dachschale praktisch ganz von den Mauern im Süden und Osten loszulösen, und die paar wenigen Zentimeter Tageslicht verändern den Innenraum auf geradezu dramatische Weise: Das Dach scheint gleichsam «in der Luft zu ruhen».

Le Corbusier benutzte also direkte Lichtquellen, wenn es darum ging, einen Baukörper oder bestimmte Formen hervorzuheben, so beim Dach den Streifen Tageslicht oder bei der Einrichtung im Chor (Altar, Kreuz) die Öffnungen in der Ostmauer. Das Licht dringt zwar auch durch die Verglasung in der Südmauer direkt ein, wird da jedoch durch die Tiefe der Abschrägungen gedämpft und nur spärlich verteilt.

Wünschte er dagegen an bestimmten Stellen eine diffuse Beleuchtung, so daß sich diese zu gewissen Tageszeiten in ein Halbdunkel hüllen, führte er das Licht indirekt ein, so bei den lamellenartigen Öffnungen über den Nebeneingängen oder den Sonnenblenden in den Türmen der Seitenkapellen.

Die fast bühnenbildartige Organisation des Spiels von Licht und Schatten ist der Schlüssel zur Komposition dieses Innenraums. Sie erzeugt hauptsächlich jene Atmosphäre der Einkehr und Spiritualität, die diesen Sakralbau beherrscht. In Verbindung mit der Farbe – zum Beispiel in der Nordkapelle, die von Osten her beleuchtet wird – verhilft dieses Spiel dem Raum zu echter Bühnenreife: «Das Problem der Beleuchtung stellt sich immer wie folgt (...): es gibt Mauern, die das Licht empfangen, es gibt beleuchtete Mauern. Die Empfindung ergibt sich aus dem, was die Augen sehen ...» (13).

La luce si rivela qui mezzo fondamentale di espressione. E' utilizzata come un «materiale» e modella i volumi, concedendo tutta la sua densità alla materia; è anche sfruttata nella sua capacità di essere dotata di una funzione psicologica, e secondo la sua qualità e la sua intensità, essa esprime la gioia, l'esaltazione o la quiete, invita alla meditazione e alla preghiera. La luce gioca con le forme e fa giocare le forme tra di loro, essa è veramente l'organizzatrice del «gioco sapiente, corretto e magnifico»...

Il colore

«Tutto è bianco fuori e dentro» scrive l'architetto (14). Ma il bagliore del bianco di calce è messo in risalto da qualche tocco di colore vivo, come quelli distribuiti sulla porta smaltata, a sud. Sia all'interno che all'esterno della cappella, il colore serve ad evidenziare l'intonaco bianco sul quale esso risalta con intensità: «...perché il bianco sia apprezzabile, ci vuole la presenza di una policromia ben regolata» osserva l'architetto già all'occasione del Viaggio d'Oriente (15). Per Le Corbusier, il colore non ha solo un ruolo decorativo, ma è «portatore di spazio»; conferisce allo spazio un'altra dimensione e contribuisce, con la luce, alla definizione del luogo architettonico e alla creazione di atmosfere.

Nella cappella, Le Corbusier gioca con il colore su due registri: talvolta lo impiega per creare un'atmosfera particolare in certi punti (muro viola adiacente alla sagrestia, o cappella secondaria rossa), talvolta lo usa gettando qualche nota vivace in punti chiave (porte, vetrate, tabernacolo). Il colore può rappresentare il tocco che caratterizza l'architettura, così come gli oggetti plastici, e sottolinea allora un elemento, come la porta smaltata che attira lo sguardo del visitatore.

Eingang zur südlichen Seitenkapelle   L'ingresso della cappella secondaria a sud

Die Kalotte der südlichen Seitenkapelle von innen

L'interno della calotta della cappella secondaria a sud

Das Licht erweist sich hier als grundlegendes Ausdrucksmittel. Es wird wie ein «Material» verwendet und modelliert die Baukörper, indem es seine ganze Dichte auf den Gegenstand abstimmt. Dazu wird seine Fähigkeit, mit einer psychologischen Funktion betraut werden zu können, ausgeschöpft, und je nach Beschaffenheit und Intensität drückt es Freude, Begeisterung oder aber Ruhe aus und lädt ein zu Meditation und Gebet. Es spielt mit den Formen und läßt die Formen miteinander spielen; es regelt in der Tat das «kunstvolle, korrekte und großartige Spiel» …

Die Farbe

«Alles ist außen und innen weiß», schrieb Le Corbusier. (14) Aber die Leuchtkraft des blendendweißen Kalks wird zusätzlich durch ein paar Striche lebendiger Farbe betont, etwa auf dem emaillierten Hauptportal im Süden. Im Innern der Kapelle wie außen dient die Farbe dazu, den weißen Verputz, von dem sie sich intensiv abhebt, erst recht zu erschließen: «… damit das Weiß relevant wird, ist das wohldosierte Vorhandensein einer Polychromie notwendig», bemerkte Le Corbusier bereits anläßlich seiner Orientreise. (15) Er war weit davon entfernt, der Farbe eine bloß dekorative Wirkung zuzusprechen; sie wirkt bei ihm im Gegenteil als «Raumgestalterin». Sie verleiht dem Raum eine andere Dimension und trägt gemeinsam mit dem Licht dazu bei, den architektonischen Ort zu definieren und Stimmungen zu erzeugen.

Bei der Kapelle von Ronchamp nutzte Le Corbusier bezüglich der Farbe zwei Register: zum einem setzte er sie ein, um an bestimmten Stellen eine besondere Atmosphäre zu evozieren (das Violett der Mauer neben der Sakristei oder das Rot in einer Seitenkapelle), zum anderen verwen-

All'esterno, gli unici tocchi di colore, oltre alla porta sud, sono le pareti della nicchia della Vergine, a est, dipinte di rosso, verde e giallo, e le due porte d'accesso ai locali di servizio, a nord. Anch'esse sono dipinte una di rosso, l'altra di verde, colori che si ritrovano anche sulle strombature della porta d'ingresso secondaria, sullo stesso lato. Questi due rettangoli colorati formano, con la vetrata, le poche aperture e le linee oblique delle rampe, una composizione che anima la parete nord.

Come all'esterno, all'interno della cappella i tocchi di colore sono distribuiti con parsimonia e mettono in risalto il bianco delle pareti: sono gli elementi in smalto (porta e tabernacolo), e, in particolare, i vetri colorati distribuiti in fondo agli alveoli del muro sud. E' senza dubbio in queste poche vetrate che il colore, insieme alla luce, si rivela così prezioso per l'atmosfera della cappella.
L'architetto ha scelto di creare degli effetti raffinati lasciando giocare i raggi luminosi attraverso i vetri colorati; questi si riflettono, attenuati, sulle strombature degli alveoli, formando sulle rugosità dell'intonaco delle ombre colorate dalle sfumature delicate: dei rosa, dei verdi e dei blu pallidi, tinte che variano a seconda dell'intensità della luce e della posizione del sole. Aveva pensato di dipingere alcune di queste strombature e un disegno della facciata interna del muro sud, con dei fogli colorati incollati, mostra questo progetto; ma gli sembra meglio usare la luce per creare, col riverbero, dei riflessi colorati, e adotta quest'idea.

Il colore può anche modificare uno spazio architettonico, persino trasformarlo completamente: contribuisce attivamente alla creazione di un'atmosfera e l'architetto lo usa per caratterizzare certi punti

dete er sie, um an einigen Schlüsselstellen (Türen, Verglasung, Tabernakel) ein paar lebhafte Noten einzubringen. Der Faktor Farbe kann in der Architektur ebenso wie die plastischen Objekte einen Akzent setzen und unterstreicht in diesem Sinne ein Element wie zum Beispiel das emaillierte Hauptportal, das den Blick auf sich lenkt.

Die einzigen Farbtupfer außen sind, abgesehen vom Hauptportal auf der Südseite, das Rot, Grün und Gelb an den Wänden der Nische mit dem Marienbildnis sowie die beiden Türen zu den Diensträumen im Norden, von denen die eine rot und die andere grün bemalt ist – Farben, die auch auf den Abschrägungen des Nebeneingangs auf derselben Seite noch einmal auftauchen. Die beiden farbigen Rechtecke der Türen bilden mit der großen Öffnung, den paar Mauerdurchbrüchen und den schrägen Linien der Treppe eine Komposition, die die Nordwand belebt.

Wie außen sind die Farbakzente auch im Innern der Kapelle sorgfältig verteilt und unterstreichen das Weiß der Wände: Hier haben Elemente aus Email (Tür und Tabernakel) Verwendung gefunden, und, was entscheidend ist, Buntglas, das tief in den wabenartigen Öffnungen der Südmauer angebracht ist. In dieser spärlichen Verglasung zeigt sich unübertrefflich, wie wertvoll die Farbe im Zusammenspiel mit dem Licht für die Atmosphäre der Kapelle ist. Le Corbusier hat bewußt raffinierte Effekte gesucht, indem er das Licht gleichsam spielerisch durch Buntglas einfallen ließ. Die Strahlen werden – gedämpft – von den Abschrägungen der Wabenzellen reflektiert und werfen dadurch auf den Unebenheiten des Verputzes farbige Schatten in zarten Nuancen: blasse Töne in Rosa, Grün und Blau, Schattierungen, die je nach Lichtintensität und Sonnenstand variieren. Eine Zeichnung der Südmauer im Aufriß von innen mit aufgeklebtem Bunt-

dello spazio interno. Non è un semplice additivo, ma un elemento stesso dell'architettura. Meglio ancora, ne è un elemento funzionale in quanto è concepito e utilizzato per il suo valore spaziale e il suo impatto psicologico.

I punti in cui il colore interviene per creare una vera policromia architettonica – e cioè a nord, sul muro adiacente la sagrestia e in una delle cappelle secondarie – non sono visibili dalla navata, e per scoprirli il visitatore si deve spostare. Così, tutta la parete interna della cappella secondaria, orientata a est, è ricoperta di un intenso rosso carminio, che dà a questo spazio una dimensione quasi drammatica. Per il muro adiacente la sagrestia viene usato un viola molto scuro, che fa fondere il muro nella penombra, colore freddo del tempo di quaresima che si riferisce anche al sacrificio cristiano. Quindi, oltre alle sue qualità spaziali, è alle qualità simboliche ed emotive del colore che l'architetto qui ricorre. Sul ruolo capitale che gli attribuisce, dall' inizio della sua attività, egli si spiega in questi termini: «la policromia, potente mezzo dell'architettura tanto quanto la pianta e la sezione... si impadronisce del muro intero e lo qualifica con la potenza del sangue, o la freschezza della prateria, o lo splendore del sole, o la profondità del cielo o del mare. Che forze disponibili! è della dinamica, così come potrei anche dire della dinamite. Se il muro è blu, fugge; se è rosso, mantiene la posizione, o marrone...» (16).

La musica

Nella sinfonia architettonica creata a Ronchamp, interviene un altro elemento, la musica: «mi resta ancora un'idea per completare Ronchamp, e cioè che venga la musica (anche senza ascoltatore se

papier zeigt, daß Le Corbusier ursprünglich vorhatte, ein paar dieser Abschrägungen anzumalen. Doch erschien es ihm später vorteilhafter, die bunten Flecken mit Hilfe von Lichtreflexen zu erzeugen, und diese Idee setzte er schließlich auch um.

Die Farbe kann einen architektonischen Raum auch verändern, ja völlig verwandeln. Sie trägt aktiv zur Erzeugung einer bestimmten Stimung bei, und Le Corbusier verwendete sie, um bestimmte Stellen des Innenraums zu charakterisieren. Farbe war für ihn nicht bloß Zugabe, sondern ein grundlegendes Element der Architektur. Sie diente ihm darüber hinaus als eigentliches funktionales Element, hat er sie doch aufgrund ihrer räumlichen Bedeutung und ihrer psychologischen Wirkung aufgefaßt und eingesetzt.

Die Stellen, an denen die Farbe eingesetzt wurde, um echte architektonische Polychromie zu erzeugen – das heißt an der Mauer neben der Sakristei und in einer der Seitenkapellen –, sind vom Kirchenschiff aus nicht zu sehen; damit man sie wahrnehmen kann, muß man den Standort verändern. So ist die Innenwand der nach Osten ausgerichteten Seitenkapelle in einem tiefen Karmesinrot bemalt, was dem Raum eine fast dramatische Dimension verleiht. Für die an die Sakristei angrenzende Mauer wurde ein sehr dunkles Violett verwendet, wodurch diese mit der Halbdämmerung gleichsam verschmilzt – Violett, die kalte Farbe der Fastenzeit, die sich auch auf das christliche Opfer bezieht. Hier hat sich Le Corbusier also nicht nur auf die räumlichen Eigenschaften der Farbe berufen, sondern auch auf ihre symbolische und emotionale Bedeutung. Über die grundlegende Rolle, die er der Farbe von Anfang seiner Tätigkeit an zuschrieb, äußerte sich Le Corbusier mit den folgenden Worten: «Die Polychromie [ist] ein ebenso mächtiges Instrument der

così deve essere), la musica che proviene automaticamente dalla cappella ad ore regolari e che si rivolge al dentro come al fuori, all'eventuale ascoltatore sconosciuto» (17). Nel corso della realizzazione della cappella, Le Corbusier aveva ideato un progetto di animazione musicale, con la collaborazione di Edgar Varèse. Il campanile che doveva essere costruito sul lato nord, e che alla fine verrà sostituito da un semplice supporto per le campane, era composto da una struttura metallica in grado di ricevere delle piattaforme che dovevano sostenere delle «macchine sonore destinate a realizzare un nuovo stile di emissione elettronica». Per l'inaugurazione della cappella l'architetto avrebbe voluto dei «momenti musicali», fatti di musica concreta e di musica sacra e aveva scelto per l'occasione l'opera di Olivier Messiaen; l'opposizione del clero impedì la realizzazione del progetto musicale.

«Ma dove comincia la scultura, dove comincia la pittura, dove comincia l'architettura? (...) nel corpo stesso dell'evento plastico, tutto non è che unità: scultura, pittura, architettura; volumi (sfere, coni, cilindri ecc...) e policromia, e cioè materie, quantità, consistenze specifiche, unite in rapporti di natura emozionante» (18). Queste parole trovano un'eco molto particolare con la realizzazione della cappella. Ronchamp si rivela opera d'arte totale dove tutti gli elementi si integrano in modo armonioso in un insieme scultoreo, dove il colore sottolinea l'intenzione plastica, dove l'animazione musicale completa il «gioco sinfonico». La cappella è opera di costruzione, ma anche opera espressiva, prodotto delle tecniche e dei materiali dell'edilizia, ma anche poiesis, lavoro poetico che esplora più forme d'espressione. Essa vuole essere il tempio della sintesi delle arti, nel senso che la cattedrale voleva essere crogiolo in cui

Architektur wie der Grundriß oder der Schnitt … sie bemächtigt sich der gesamten Mauer und prägt sie mit der Kraft des Blutes oder der Frische einer Wiese oder dem Glanz der Sonne oder der Tiefe des Himmels oder des Meeres. Welche verfügbaren Kräfte! Ich könnte statt von Dynamik ebensogut von Dynamit schreiben. Wenn die Mauer blau ist, flieht sie; wenn sie rot ist, hält sie sich an den Grundriß, oder braun …» (16)

arte e tecnica si fondono. Questo edificio esprime quanto l'architettura possa essere sostegno al lirismo, linguaggio attraverso il quale Le Corbusier cerca di provocare quello che egli chiama il «momento poetico»: «Pittura, architettura, scultura sono un unico fenomeno di natura plastica al servizio delle ricerche poetiche o capaci di innescare il momento poetico» (19).

Die Musik

In der architektonischen Symphonie, die in Ronchamp geschaffen wird, spielt noch ein weiteres Element mit, nämlich die Musik: «Ich habe noch eine Idee zur Vollendung von Ronchamp, und die ist, daß Musik ertönt (auch ohne Zuhörer, wenn es denn sein muß), automatische Musik, die zu regelmäßigen Zeiten aus der Kapelle erklingt und sich innen wie außen, an den potentiellen unbekannten Zuhörer wendet.» (17) Während die Kapelle im Bau war, entwarf Le Corbusier in Zusammenarbeit mit Edgar Varèse ein Projekt musikalischer Animation. Der Glockenturm, den er an der Nordseite errichten wollte und der letztlich durch eine einfache Aufhängevorrichtung für die Glocken ersetzt wurde, bestand aus einem Metallgerüst, auf dem Geschoßdecken mit «Klangmaschinen [ruhen sollten], die dazu bestimmt sind, einen neuen Stil der elektronischen Emission in die Tat umzusetzen». Für die Einweihung der Kapelle wünschte sich Le Corbusier eine musikalische Untermalung – konkrete und sakrale Musik – und sah für diesen Anlaß ein Werk von Olivier Messiaen vor. Das musikalische Projekt scheiterte jedoch am Widerstand der Geistlichen.

«Doch wo beginnt die Bildhauerei, wo beginnt die Malerei, wo beginnt die Archi-

tektur? (…) im Körper des plastischen Er-
eignisses selbst ist alles bloß eine Einheit:
Bildhauerei, Malerei, Architektur; Volumen
(Kugeln, Kegel, Zylinder usw.) und Polychromie, das heißt Materien, Mengen,
spezifische Beschaffenheiten, zueinander
in Beziehungen gesetzt, die bewegend
wirken.» (18) Diese Worte haben im Bau
der Kapelle von Ronchamp ein ganz be-
sonderes Echo gefunden. Ronchamp hat
sich als Gesamtkunstwerk erwiesen, in
dem sich alle Elemente auf harmonische
Art und Weise in ein skulpturales Ganzes
einfügen, in dem die Farbe die plastische
Absicht unterstreicht, in dem die musikalische Animation das «symphonische Spiel»
vollendet. Die Kapelle ist ebenso ein ge-
bautes wie auch ein expressives Werk,
Produkt von Techniken und Materialien
aus dem Bausektor ebenso wie Poiesis,
eine poetische Arbeit, die verschiedene
Ausdrucksformen auskundschaftet. Sie
will ein Tempel für die Synthese der Künste sein, wie die Kathedrale der Tiegel sein
wollte, in dem Künste und Techniken ver-
schmolzen. In diesem Bauwerk kommt
zum Ausdruck, wie sehr die Architektur
Stütze der Lyrik sein kann, einer Sprache,
mit deren Hilfe Le Corbusier den – wie er
ihn nannte – «poetischen Augenblick»
auszulösen suchte: «Malerei, Architektur
und Bildhauerei sind ein einzigartiges
Phänomen plastischer Art im Dienste poetischen Strebens oder imstande, den poetischen Augenblick auszulösen.» (19)

Das Werk als Manifest

Un'opera-manifesto

Innerhalb der zeitgenössischen Sakral-architektur nimmt die Kapelle von Ronchamp den Platz eines Manifests ein; zum einen weil sie einen Bruch markiert, indem sie den traditionellen Grundriß und den aufsteigenden Raum in Frage stellt, und zum anderen weil sie dem Sakralbau eine neue Funktion als Experimentierfeld und Ort des plastischen Ausdrucks zuweist. Auch stellt sie ein Manifest innerhalb von Le Corbusiers Gesamtwerk dar; dort steht sie für eine Synthese seiner Forschungen und seiner grundlegenden Bestrebungen.

Als die Kapelle von Ronchamp gebaut wurde, löste sie, wie bereits zu Beginn erwähnt, lebhafte Reaktionen seitens der Historiker, der Öffentlichkeit und der Kritik aus. So bezeichnete zum Beispiel der Kunsthistoriker Nikolaus Pevsner den Bau als «das am meisten diskutierte Monument des neuen Irrationalismus». Der Bau stieß unter anderem auch deshalb auf Verblüffung, weil er so gar nicht in das Schaffen des Poeten des rechten Winkels zu passen schien, und die Kritik beeilte sich, es als «barockisierend» abzutun. Ein allerdings etwas vorschnelles Urteil, handelt es sich doch keineswegs um ein marginales Werk innerhalb Le Corbusiers Schaffen, sondern um eines, das sich im Gegenteil als Frucht seiner formalen und räumlichen Bestrebungen, seiner Studien über das Licht und das Material und seiner Vorstellung einer Synthese der Künste erwies.

Die Kritik wollte darin eine radikale Veränderung in Le Corbusiers Sprache erkennen. Doch obwohl sich der Bau einer den fünfziger Jahren eigenen Strömung organischer Architektur einfügte, kommt in seinen Formen keineswegs eine Sprache zum Ausdruck, die Le Corbusiers Vokabular fremd, sondern eine, die in seinem Werk schon immer latent vorhanden war. Es genügt, sich sein malerisches Schafen Ende der zwanziger Jahre in Erinnerung zu ru-

Tra l'architettura religiosa contemporanea, la cappella di Ronchamp ha il ruolo di un manifesto, per la posizione di rottura che occupa (superamento della pianta tradizionale e dello spazio ascensionale) e per la funzione che offre all'edificio religioso, come luogo di sperimentazione e di espressione plastica. Rappresenta anche un'opera-manifesto nella produzione di Le Corbusier, in cui simbolizza una sintesi delle sue ricerche e delle sue idee fondamentali.

All'epoca della sua realizzazione, la cappella ha suscitato, come dicevamo all'inizio di questa guida, delle vive reazioni da parte degli storici, del pubblico e della critica. Lo storico dell'arte Nikolaus Pevsner, per esempio, aveva definito la cappella come «il monumento più discusso del nuovo irrazionalismo». Questa costruzione era stata accolta con stupore tanto sembrava incongrua nella produzione del poeta dell'angolo retto, e la critica aveva subito parlato di «barocchismo». Giudizio un po' affrettato, poiché lungi dall'essere un'opera ai margini della sua produzione, si rivela il frutto delle ricerche formali e spaziali dell'architetto, delle sue ricerche sulla luce, sul materiale, e della sua concezione di una sintesi delle arti.

La critica ha voluto vedervi un cambiamento radicale nel linguaggio di Le Corbusier. Se l'edificio si inserisce in una corrente d'architettura organica propria al periodo degli anni cinquanta, il linguaggio espresso nelle sue forme non è estraneo al vocabolario dell'architetto ed è di fatti latente nell'insieme della sua opera. Basta ricordare la sua produzione pittorica a partire dalla fine degli anni venti (quando introdusse degli oggetti organici, «a reazione poetica» nelle sue nature morte) o la produzione scultorea degli anni quaranta (dove associa tra loro

fen (als er organische Objekte, Objekte «für poetische Reaktion» in seine Stilleben einführte) oder sein plastisches Schaffen der vierziger Jahre (wo er unter anderem «akustische» Formen miteinander verband), um die Genese einer Sprache zu erkennen, die sich aus einem unaufhörlichen Erforschen der Form ergab.

In diesem Projekt ist der plastische Einfall alles andere als ein reines Phantasieprodukt, sondern dient dazu, die emotionalen Raumkomponenten zu betonen. Und die scheinbare Irrationalität der Formen ist nichts anderes als eine Übertragung der Irrationalität in der Religion und in der Spiritualität. Erfindung und Erneuerung der Formensprache sind weder rein intellektuelles Spiel noch einfach Stilübungen; sie sind der Beweis für das permanente Hinterfragen, für das die Kapelle längst Symbol geworden ist. Ronchamp steht für eine eigenständige plastische Sprache und die Realisierung der poetischen Empfindung, umgesetzt im architektonischen Werk. Wie das poetische Phänomen, das Empfindungen erzeugt, in der architektonischen Absicht bei Le Corbusier niemals fehlte, erscheint hier dessen Interpretation mit der größtmöglichen Intensität umgesetzt. Es lohnt sich, in «Ausblick auf eine Architektur» die folgenden Aussagen aufmerksam zu lesen, denn sie haben in der Kapelle von Ronchamp ein paar Jahrzehnte später eine verblüffende Resonanz gefunden: «(…) Die Baukunst, als Sache der Formensprache, muß (…) sich jener Elemente bedienen, die fähig sind, auf unsere Sinne zu wirken und die Wünsche unserer Augen zu erfüllen (…). Es sind Elemente der Formensprache, Formen, die unsere Augen klar erkennen, die unser Geist mißt. Diese Formen, primär oder verfeinert, voll Zartheit oder brutaler Kraft, wirken physiologisch auf unsere Sinne (Kugel, Würfel, Zylinder, Waagrechte, Senkrechte, Schräge

delle forme «acustiche»), per cogliere la genesi di un linguaggio come risultante di un'incessante ricerca sulla forma.

In questo progetto, l'invenzione plastica, lungi dal procedere da una pura fantasia, serve a mettere in risalto le componenti emotive dello spazio e l'apparente irrazionalismo delle forme non è che la traduzione dell'irrazionalismo della religione e del mondo spirituale. L'invenzione e il rinnovamento del linguaggio formale non sono puro gioco intellettuale, esercizi di stile; sono l'indice di una continua rimessa in causa di cui la cappella si fa il simbolo; Ronchamp è l'espressione stessa di un linguaggio plastico originale e della materializzazione del sentimento poetico tradotto nell'opera architettonica. Se il fenomeno poetico, generatore di emozioni, non è mai assente, in Le Corbusier, dall'intenzione architettonica, la sua interpretazione è qui espressa con la più grande intensità. E' significativo, percorrendo «Vers une architecture», leggervi queste parole che troveranno una risonanza sorprendente, qualche decennio più tardi, nella cappella di Ronchamp: «…l'architettura, che è cosa di emozione plastica, deve (…) impiegare elementi che possono colpire i nostri sensi, colmare i nostri desideri visivi (…); questi elementi sono elementi plastici, forme che i nostri occhi vedono chiaramente, che il nostro spirito misura. Queste forme, primarie o sottili, morbide o brutali, agiscono psicologicamente sui nostri sensi (sfera, cubo, cilindro, linea orizzontale, verticale, obliqua, ecc…) e li scuotono. (…) Allora nasceranno dei rapporti che agiscono sulla nostra coscienza e ci mettono in uno stato di gioia (consonanza con le leggi dell'universo che ci amministrano e alle quali tutti i nostri atti si assoggettano), in cui l'uomo fa pieno uso dei suoi doni del ricordo, dell'esame, del ragionamento, della creazione. (…)»

usw.) und beziehen sie in ihre eigene Bewegung hinein. (…) dann werden sich bestimmte Beziehungen herstellen, die auf unser Bewußtsein wirken und uns in einen Zustand freudigen Genießens versetzen (Übereinstimmung mit den Gesetzen des Universums, die uns regieren und denen unser Tun unterworfen ist); es ist ein Zustand, in dem der Mensch sein Erinnerungsvermögen, seine Begabung für Kritik, Vernunft und Schöpfung voll entfaltet. (…)»

«Die Architektur ist eine künstlerische Tatsache, ein Phänomen innerer Bewegung; sie steht außerhalb von Konstruktionsfragen, jenseits von ihnen. Die reine Konstruktion gewährleistet die Stabilität; die Architektur ist da, um uns zu ergreifen. Die Architektur ergreift, wenn das Werk einer Stimmgabel gleich die Musik des Weltalls anschlägt, dessen Gesetze wir anerkennen und bewundern. Sobald gewisse Beziehungen walten, rührt uns das Werk an. Baukunst heißt ‹Zusammenhänge›, heißt ‹reine Schöpfung des Geistes›.» (1)

«L'architettura è un fatto d'arte, un fenomeno d'emozione, al di fuori delle questioni di costruzione, al di là. La costruzione, è per reggere; l'architettura è per commuovere. L'emozione architettonica c'è quando l'opera suona in voi come al diapason di un universo di cui noi subiamo, riconosciamo e ammiriamo le leggi. Quando si raggiungono certi rapporti, noi siamo catturati dall'opera. L'architettura è ‹rapporti›, è ‹pura creazione dello spirito›« (1).

Anmerkungen

Note

Vorwort

(1) Le Corbusier, Œuvre complète, Band 6, Einleitung, Seite 9.

(2) Le Corbusier, Ronchamp, Les carnets de la recherche patiente, Heft Nr. 2, Zürich, Girsberger, 1957.
Le Corbusier, Textes et dessins pour Ronchamp, Forces Vives, o. O. 1965.
Petit, Jean, Ronchamp, cahiers Forces Vives, Desclée de Brouwer, o. O. 1956.
Petit, Jean, Le livre de Ronchamp, Editec, o. O. 1961.

(3) Anm. der Autorin: Dieser Führer basiert auf einer 1980 publizierten Schrift (siehe unten), dem Ergebnis einer Universitätsarbeit aus früheren Jahren. Die Fondation Le Corbusier gewährte mir damals Zugang zu ihrem Archiv, was zu dem Zeitpunkt bedeutete, daß sie die Kisten öffnete, in denen Mitarbeiterinnen und Mitarbeiter von Le Corbusiers Atelier Pläne, Zeichnungen, Dokumente, ikonografische Quellen usw. verstaut hatten. Unter der Leitung der Konservatorin, Françoise de Franclieu, begann ich diese Dokumente zu sichten und zu klassifizieren – eine Aufgabe, die mich als angehende Wissenschaftlerin ungemein faszinierte. Der Kontakt mit dem Dokument im Rohzustand, wie es der Meister selbst oder ein Mitarbeiter hinterlassen hat, die mögliche Verbindung zwischen dieser Skizze, Anmerkung oder Quelle mit jener, manchmal mehrere Jahre früher datierten Zeichnung, die Ordnung, in der diese Dokumente hinterlassen wurden: all das lieferte uns wertvolle Hinweise zur Entstehung des Projekts, zum Geheimnis des architektonischen Schaffens und zur «langen, geduldigen Suche», von der Le Corbusier uns so gerne erzählte.

Introduzione

(1) Le Corbusier, Œuvre complète, Volume 6, introduzione.

(2) Le Corbusier, Ronchamp, Les carnets de la recherche patiente, carnet no. 2, Zurigo, Girsberger, 1957.
Le Corbusier, Textes et dessins pour Ronchamp, s.l., Forces Vives, 1965.
Petit, Jean, Ronchamp, cahiers Forces Vives, s.l., Desclée de Brouwer, 1956.
Petit, Jean, Le livre de Ronchamp, s.l., Editec, 1961.

(3) Nota dell'autore: Per realizzare questa guida ho fatto riferimento ad un'opera pubblicata nel 1980, risultato di un lavoro universitario che avevo cominciato qualche anno prima. La fondazione Le Corbusier mi aveva aperto i suoi fondi d'archivio, e cioè a quell'epoca, le casse in cui erano stati sistemati, dai collaboratori dello studio, le piante, i disegni, i documenti, le fonti iconografiche, ecc... Avevo cominciato, sotto la direzione della sovrintendente, Françoise de Franclieu, un lavoro di identificazione e di classificazione di questi documenti, compito che si rivelò appassionante per un giovane ricercatore. Questo contatto con il documento allo stato grezzo, lasciato così com'era dal maestro o da un collaboratore, l'associazione possibile tra quello schizzo, quella nota, quella fonte, con quell'altro disegno a volte precedente di molti anni, l'ordine in cui erano lasciati questi documenti, ci offrivano delle preziosissime informazioni sulla genesi del progetto, sul mistero della creazione architettonica, e su questa «lunga ricerca paziente» di cui si compiace parlarci Le Corbusier. Vedi Pauly, Danièle, Ron-

Vgl. Pauly, Danièle, Ronchamp, Lecture d'une architecture, Apus/Ophrys, Paris 1980, Neuauflage 1987.

(4) Le Corbusier, Sainte alliance des arts majeurs ou le grand art en gésine, in: Architecture d'Aujourd'hui, Nr. 7, Juli 1935, S. 86.

Besichtigung und Interpretation

(1) Belot, Lucien, Manuel du pèlerin, Notre-Dame-du-Haut à Ronchamp, Lescuyer, Lyon 1939.

(2) Petit, Jean, Le Corbusier lui-même, Forces Vives, Rousseau, Genf 1970, S. 184.

(3) Konferenz in der Reale Accademia d'Italia, Rom 1936, «Die Tendenzen der rationalistischen Architektur in Verbindung mit der Malerei und der Bildhauerei», maschinengeschriebener Text, Archiv FLC, S. 7, publiziert in: L'Architecture Vivante, 7. Reihe, Paris 1936, S. 7.

(4) Pater Ferry, zitiert in: Petit, Jean, Le livre de Ronchamp, op. cit. S. 67.

(5) Textes et dessins pour Ronchamp, op. cit., o. Pag.

(6) Interview in: Architecture d'Aujourd'hui, Nr. 96, Sondernummer über Sakralarchitektur, Juni/Juli 1961, S. 3.

(7) Besset, Maurice, Qui était le Corbusier?, Skira, Genf 1968, S. 98.

(8) Gespräch in La Tourette, in: Architecture d'Aujourd'hui, Sondernummer sakrale Architektur, Juni/Juli 1961, S. 3.

(9) L'espace indicible, in: Architecture d'Aujourd'hui, Sondernummer Kunst, 2. Trimester 1946, S. 9.

champ, lecture d'une architecture, Apus/Ophrys, Parigi, 1980, ried. 1987.

(4) Le Corbusier, Sainte alliance des arts majeurs ou le grand art en gésine, in Architecture d'aujourd'hui, no.7, luglio 1935, p.86.

Visita e lettura dell'edificio

(1) Belot, Lucien, Manuel du pèlerin, Notre-Dame-du-Haut à Ronchamp, Lyon, Lescuyer, 1939.

(2) Petit, Jean, Le Corbusier lui-même, Forces Vives, Rousseau, Ginevra, 1970, p.184.

(3) Conferenza alla Reale Accademia d'Italia, Roma, 1936, «Les tendances de l'architecture rationaliste en relation avec la peinture et la sculpture» testo dattilografato, archivi FLC, p.7, pubblicata in l'Architecture Vivante, 7° serie, Parigi, 1936, p.7.

(4) Abate Ferry, citato in Petit, Jean, Le Livre de Ronchamp, op. cit., p.67.

(5) Textes et dessins pour Ronchamp, op.cit., s.p.

(6) Intervista in l'Architecture d'Aujourd'hui, no.96 speciale architettura religiosa, giugno-luglio, 1961, p.3.

(7) Besset, Maurice, Qui était Le Corbusier?, Skira, Ginevra, 1968, p.98.

(8) Conversazione registrata a la Tourette, in Architecture d'Aujourd'hui, no.96, speciale architettura religiosa, giugno-luglio, 1961, p.3.

(10) Textes et dessins pour Ronchamp, op. cit., o. Pag.

Geschichte und Werdegang

(1) Ledeur in einem Interview mit der Autorin, März 1974.

(2) Aussagen zitiert von Pater Bolle-Reddat in: Journal de Notre-Dame-du-Haut, Nr. 19, Dezember/Januar 1966, S. 6.

(3) Vgl. Anm. (1).

(4) Textes et dessins pour Ronchamp, op. cit., o. Pag.

(5) Ronchamp, les carnets de la recherche patiente, op. cit., S. 89.

(6) Textes et dessins pour Ronchamp, op. cit., o. Pag.

(7) Vgl. Anm. (1).

(8) FLC Nr. 7470.

(9) Carnet D17.

(10) Vgl. Kapitel «Der schöpferische Prozeß».

(11) Carnet E18.

(12) Carnet E18.

(13) Architecture d'Aujourd'hui, Sondernummer Le Corbusier, April 1948, S. 44.

(14) Textes et dessins pour Ronchamp, op. cit., o. Pag.

(15) Dossier «Création Ronchamp» (Archiv FLC).

(16) Carnet E18.

(9) «L'espace indicible», in l'Architecture d'Aujourd'hui, no. speciale Arte, 2° trim., 1946, p.9.

(10) Textes et dessins pour Ronchamp, op. cit., s.p.

Storia e genesi del progetto

(1) Intervista del canonico Ledeur con l'autore, nel marzo 1974.

(2) Parole citate dall'abate Bolle-Reddat, in Journal de Notre-Dame-du-Haut, no.19, dic.-genn.1966, p.6.

(3) Vedi nota 1.

(4) Textes et dessins pour Ronchamp, op.cit., s.p.

(5) Ronchamp, les carnets de la recherche patiente, op.cit., p.89.

(6) Textes et dessins pour Ronchamp, op.cit., s.p.

(7) Vedi nota 1.

(8) FLC no. 7470.

(9) Carnet D17.

(10) Vedi «Il processo creativo».

(11) Carnet E18.

(12) Carnet E18.

(13) Architecture d'Aujourd'hui, no. speciale Le Corbusier, aprile 1948, p.44.

(14) Textes et dessins pour Ronchamp, op.cit., s.p.

(15) Vedi dossier «création Ronchamp» (archivi FLC).

(17) Carnet E18.

(18) Anmerkung in: Dossier «Création Ronchamp» (Archiv FLC).

(19) Carnet E18.

(20) Carnet E18.

(21) Carnet E18.

(22) Vgl. Kapitel «Der schöpferische Prozeß».

(23) Publiziert in: The Le Corbusier Archive, Bd. XX, Garland Publishing/FLC, New York 1983.

(24) «Die Tendenzen der rationalistischen Architektur in Verbindung mit der Malerei und der Bildhauerei», op. cit., S. 7.

(25) Textes et dessins pour Ronchamp, op. cit., o. Pag.

(26) Petit, Jean, Le Corbusier lui-même, op. cit. S. 30.

(27) L'Atelier de la recherche patiente, Vincent Fréal, Paris 1960, S. 37.

(28) Vgl. Belot, Lucien, op. Cit.

(29) Besset, Maurice, Qui était le Corbusier?, op. cit., S. 7.

(30) Pauly, Danièle, Lecture d'une architecture, op. cit., S. 26 und S. 57.

(31) Bolle-Reddat, Pater René, Le Journal de Notre-Dame-du-Haut, Dezember 1971, S. 4.

(32) Ebda., zitiert S. 4.

(33) Petit, Jean, Le livre de Ronchamp, op. cit., S. 18.

(16) Carnet E18.

(17) Carnet E18.

(18) Nota in dossier «création Ronchamp» (archivi FLC).

(19) Carnet E18.

(20) Carnet E18.

(21) Carnet E18.

(22) Vedi «Il processo creativo».

(23) Pubblicazione in The Le Corbusier Archive, vol.XX, Garland Publishing/FLC, New-York, 1983.

(24) «Les tendances de l'architecture rationaliste en relation avec la peinture et la sculpture», op.cit., p.7.

(25) Textes et dessins pour Ronchamp, op.cit., s.p.

(26) Petit, Jean, Le Corbusier lui-même, op.cit., p.30.

(27) L'Atelier de la recherche patiente, Parigi, Vincent Fréal, 1960, p.37.

(28) Vedi Belot, Lucien, op.cit.

(29) Besset, Maurice, Qui était le Corbusier? op.cit., p.7.

(30) Pauly, Danièle, Ronchamp, lecture d'une architecture, op.cit., p.26 e p.57.

(31) Bolle-Reddat, abate René, Le journal de Notre-Dame-du-Haut, dic.1971, p.4.

(32) Id., citato p.4.

(33) Petit, Jean, Le Livre de Ronchamp, op.cit., p.18.

(34) Anmerkung in: Dossier «Création Ronchamp» (Archiv FLC).

(35) Ebda.

(36) «Cinq questions à Le Corbusier», in: Zodiac, Nr. 7, 1960, S. 50.

(37) Besset: Maurice, Qui était le Corbusier?, op. cit., S. 17.

Ein Gesamtkunstwerk

(1) Textes et dessins pour Ronchamp, op. cit., o. Pag.

(2) Vgl. Konferenzen in Rom 1936 (op. cit.), CIAM Bridgewater 1947, CIAM Bergamo 1949, Unesco Venedig 1952.

(3) Vgl. Protokoll der Plenarsitzung der 2. Kommission, CIAM Bergamo, Juli 1949 (Archiv FLC).

(4) Vorwort zum Buch von Damaz, Paul, Art in European Architecture, Reinhold Publishing Corporation, New York 1956, S. X.

(5) Vgl. Text von Le Corbusier im Ausstellungskatalog «Tapisseries de Le Corbusier», Musée d'Art et d'Histoire, Genf 1975, S. 11.

(6) Internationale Künstler- und Künstlerinnen-Konferenz, Unesco, Venedig, September 1952 (Protokoll, Archiv FLC).

(7) Le Corbusier: 1922, Ausblick auf eine Architektur, Vieweg (Bauwelt-Fundamente; 2), Braunschweig, Wiesbaden 1982, S. 21.

(8) Dossier «Création Ronchamp» (Archiv FLC).

(9) L'espace indicible, op. cit., S. 9.

(34) Nota in dossier «création Ronchamp» (archivi FLC).

(35) Id.

(36) «Cinq questions à Le Corbusier», in Zodiac, no.7, 1960, p.50.

(37) Besset, Maurice, Qui était Le Corbusier? op.cit., p.17.

Un'opera «d'arte totale»

(1) Textes et dessins pour Ronchamp, op.cit., s.p.

(2) Vedi conferenze Roma 1936 (op. cit.), CIAM Bridgewater 1947, CIAM Bergamo 1949, Unesco Venezia 1952.

(3) Vedi resoconto della sessione plenaria 2° commissione, CIAM Bergamo, luglio 1949 (archivi FLC).

(4) Introduzione all'opera di Damaz, Paul, Art in European Architecture, New York, Reinhold Publishing Corporation, 1956, p.X.

(5) Vedi testo di Le Corbusier nel catalogo della mostra «Tapisseries de Le Corbusier», Musée d'Art et d'Histoire, Ginevra, 1975, p.11.

(6) Conferenza internazionale degli artisti, Unesco, Venezia, sett.1952 (resoconto, archivi FLC).

(7) Vers une architecture, ed.Crès, Parigi, 1923, ried, Arthaud, Parigi, 1977, p.5.

(8) Vedi dossier «création Ronchamp» (archivi FLC).

(9) «L'espace indicible», op.cit., p.9.

(10) «Die Tendenzen der rationalistischen Architektur in Verbindung mit der Malerei und der Bildhauerei», op. cit., S. 6.

(11) Ebda.

(12) Précisions sur un état présent de l'architecture et de l'urbanisme, Crès, Paris, 1930, Neuaufl. Altamira, Paris, 1994, S. 132.

(13) Gespräch in: Architecture d'Aujourd'hui, Nr. 96, op. cit., S. 3.

(14) Textes et dessins pour Ronchamp, op. cit., o. Pag.

(15) Besset, Maurice, Qui était le Corbusier? op. cit., S. 93.

(16) «Die Tendenzen der rationalistischen Architektur in Verbindung mit der Malerei und der Bildhauerei», op. cit., S. 10 und 11.

(17) Textes et dessins pour Ronchamp, op. cit., o. Pag.

(18) In: Architecture d'Aujourd'hui, Sondernummer Le Corbusier, April 1948, S. 11.

(19) Œuvre complète, 1952–1957, op. cit., S. 11.

Das Werk als Manifest

(1) Ausblick auf eine Architektur, op. cit., S. 32, 33.

(10) «Les tendances de l'architecture rationaliste en relation avec la peinture et la sculpture», op.cit., p.6.

(11) Id.

(12) Précisions sur un état présent de l'architecture et de l'urbanisme, Crès, Parigi, 1930, ried. Altamira, Parigi, 1994, p.132.

(13) Intervista in l'Architecture d'Aujourd'hui, no.96, op.cit., p.3.

(14) Textes et dessins pour Ronchamp, op.cit., s.p.

(15) Besset, Maurice, Qui était Le Corbusier? op.cit., p.93.

(16) «Les tendances de l'architecture rationaliste en relation avec la peinture et la sculpture», op.cit., p.10 e 11.

(17) Textes et dessins pour Ronchamp, op.cit., s.p.

(18) Architecture d'Aujourd'hui, no. speciale Le Corbusier, aprile 1948, p.11.

(19) Œuvre complète, 1952–1957, op.cit., p.11.

Un'opera-manifesto

(1) Vers une architecture, op.cit., p.7 e 9.

Bibliographie / Bibliografia

Besset, Maurice, Qui était Le Corbusier?, Genève, Skira, 1968.

Bolle-Reddat, René, Le Corbusier à Ronchamp, coll. Voie d'accès, L'Est Républicain, Nancy, 1986.

Bolle-Reddat, René, Un Evangile selon Le Corbusier, Les Editions du Cerf, Paris, 1987.

Brooks, Allan, The Le Corbusier Archive, Vol. XX, Garland Publishing-Fondation Le Corbusier, New York, Paris, 1983.

Le Corbusier, Œuvre complète, Vol. V, 1946–1952, (1ère éd.1952).

Le Corbusier, Œuvre complète, Vol. VI, 1952–1957, (1ère éd.1957).

Le Corbusier, Le Voyage d'Orient, Forces Vives, s.l., 1966.

Le Corbusier, Vers une architecture, Crès, Paris, 1924, rééd. Flammarion, Paris, 1995.

Le Corbusier, Ronchamp, les carnets de la recherche patiente, Girsberger, Zürich, 1957.

Le Corbusier, Textes et dessins pour Ronchamp, Forces Vives, s.l., 1965.

Le Corbusier, Carnets, Fondation Le Corbusier-The Architectural History Foundation, New York, 1981, Dessain et Tolra, Paris, 1982.

Von Moos, Stanislaus, Le Corbusier, l'architecte et son mythe, Horizons de France, Paris, 1970.

Pauly, Danièle, Ronchamp, lecture d'une architecture, A.P.U.S.-Ophrys, Strasbourg, Paris, 1980.

Petit, Jean, Le Corbusier lui-même, Rousseau, Genève, 1970.

Petit, Jean, Le livre de Ronchamp, Editec, s.l., 1961.

Petit, Jean, Ronchamp, Desclée de Brouwer, s.l., 1956.

Bildnachweis / Fonti delle illustrazioni

Alle Bilddokumente dieses Buches stammen aus den Archiven der Fondation Le Corbusier, Paris (mit Ausnahme der Fotografien auf den Seiten 11, 13 oben, 24 und 37, die von der Autorin zur Verfügung gestellt wurden).

Tutte le illustrazioni del presente volume provengono dagli Archivi della Fondazione Le Corbusier, Parigi (ad eccezione delle fotografie alle pagine 11, 13 in alto, 24 e 37 che sono state messe a disposizione dall'autore).

Das Werk von Le Corbusier im Verlag Birkhäuser V/A
Le opere di Le Corbusier edite da Birkhäuser V/A

Le Corbusier
Œuvre complète
8 Bände / Volumi
Français/English/Deutsch

Volume 1: 1910-1929
W. Boesiger, O. Stonorov (Ed.). 216 Seiten /
pagine, 600 Abb./ill., Geb. / ril.
ISBN 3-7643-5503-4

Volume 2: 1929-1934
W. Boesiger, H. Girsberger (Ed.). 208 Seiten /
pagine, 550 Abb./ill., Geb. / ril.
ISBN 3-7643-5504-2

Volume 3: 1934-1938
M. Bill (Ed.). 176 Seiten /pagine, 550 Abb./ill.,
Geb. / ril., ISBN 3-7643-5505-0

Volume 4: 1938-1946
W. Boesiger (Ed.). 208 Seiten /pagine,
259 Abb./ill., Geb. / ril.
ISBN 3-7643-5506-9

Volume 5: 1946-1952
W. Boesiger (Ed.). 244 Seiten /pagine,
428 Abb./ill., Geb. / ril.
ISBN 3-7643-5507-7

Volume 6: 1952-1957
W. Boesiger (Ed.). 224 Seiten /pagine,
428 Abb./ill., Geb. / ril.
ISBN 3-7643-5508-5

Volume 7: 1957-1965
W. Boesiger (Ed.). 240 Seiten /pagine,
459 Abb./ill., Geb. / ril.
ISBN 3-7643-5509-3

Volume 8: 1965-1969
W. Boesiger (Ed.). Textes par/texts by
A. Malraux, E. Claudius Petit, M. N. Sharma,
U. E. Chowdhury. 208 Seiten /pagine,
294 Abb./ill., Geb. / ril.
ISBN 3-7643-5510-7

Le Corbusier: Œuvre Complète
8 Bände in Kassette / 8 volumi in cofanetto.
1708 Seiten / pagine, 2687 Abb./ill., Geb. / ril.
ISBN 3-7643-5515-8

Le Corbusier 1910-1965
W. Boesiger, H. Girsberger (Ed.). Français/Eng-
lish/Deutsch. 352 Seiten/pagine
532 Abb./ill., Geb. / ril.
ISBN 3-7643-5511-5

Le Corbusier
Une petite maison
Français/English/Deutsch. 84 Seiten/pagine,
72 Abb./ill., Broschur/bross.
ISBN 3-7643-5512-3

Le Corbusier
Studio Paperback
Willi Boesiger (Ed.). Français/Deutsch. 260
Seiten/pagine, 525 Abb./ill., Broschur/bross.
ISBN 3-7643-5550-6

Immeuble 24 N.C. et Appartement
Le Corbusier /
Apartment Block 24 N.C. and
Le Corbusier's Home
Guides Le Corbusier
Jacques Sbriglio (Ed.). Français/English. 120
Seiten/pagine, 67 Abb./ill., Broschur/bross.
Co-edition Fondation Le Corbusier /
Birkhäuser V/A
ISBN 3-7643-5432-1

Le Corbusier:
Les Villas La Roche-Jeanneret
The Villas La Roche-Jeanneret
Guides Le Corbusier
Jacques Sbriglio (Ed.). Français/English. 144
Seiten/pagine, 80 Abb./ill., Broschur/bross.
Co-edition Fondation Le Corbusier /
Birkhäuser V/A
ISBN 3-7643-5433-X

BIRKHÄUSER V/A

Birkhäuser – Verlag für Architektur
Klosterberg 23
P.O. Box 133
CH-4010 Basel
Switzerland